チェ・ゲバラ

第2回AMERICA放浪日記

ふたたび旅へ

エルネスト・チェ・ゲバラ＝著
棚橋加奈江＝訳

現代企画室

本書の刊行を実現するに当たって、ジアンニ・ミナの尽力に感謝する。

チェ・ゲバラ　ふたたび旅へ■目次

ゲバラたちの第1回AMERICA旅行地図
(1951年12月〜52年8月)
[国名は当時のもの]

ゲバラたちの第2回AMERICA旅行地図
(1953年6月〜56年11月)
[国名は当時のもの]

行路詳細図 1

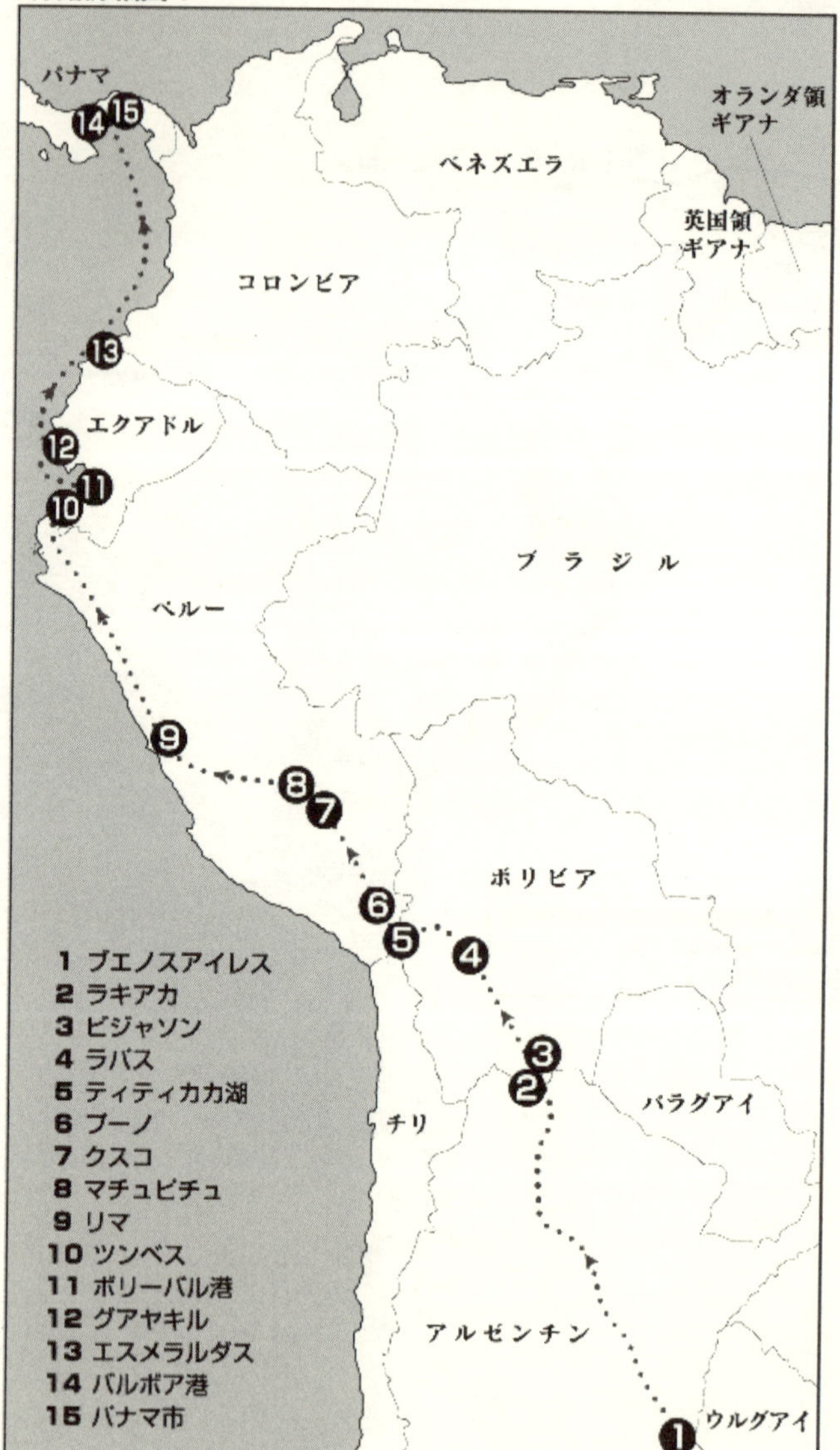
パナマ
オランダ領
ギアナ
ベネズエラ
英国領
ギアナ
コロンビア
エクアドル
ブラジル
ペルー
ボリビア
パラグアイ
チリ
アルゼンチン
ウルグアイ
1 ブエノスアイレス
2 ラキアカ
3 ビジャソン
4 ラパス
5 ティティカカ湖
6 プーノ
7 クスコ
8 マチュピチュ
9 リマ
10 ツンベス
11 ボリーバル港
12 グアヤキル
13 エスメラルダス
14 バルボア港
15 パナマ市

行路詳細図 2

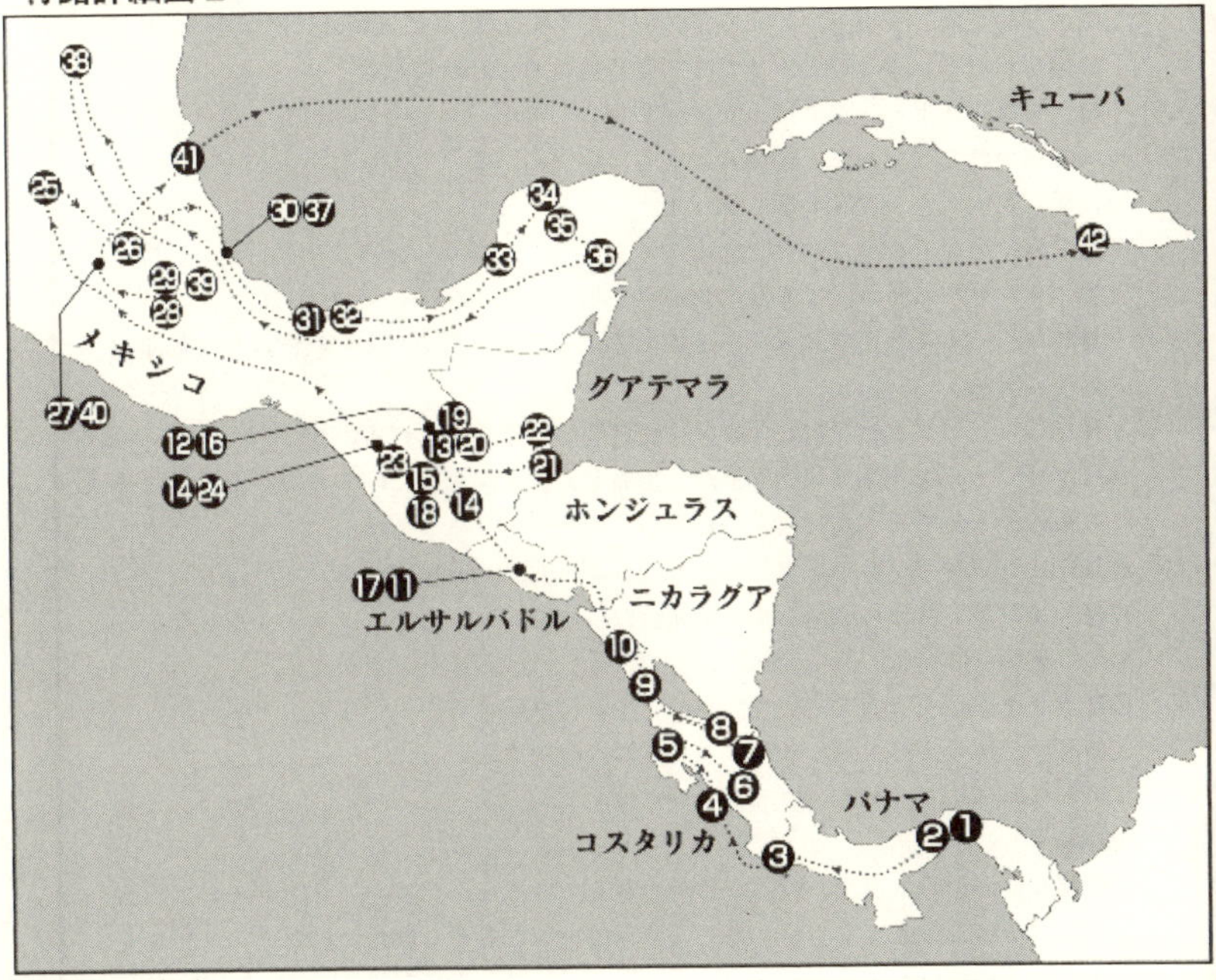

1 バルボア港
2 パナマ市
3 ゴルフィート
4 プンタアレナス
5 サンホセ
6 リベリア
7 アラフエラ
8 ラクルス
9 リバス
10 マナグア
11 サンサルバドル
12 グアテマラ市
13 アマティトラン
14 チマルテナンゴ
15 チキサテ
16 グアテマラ市
17 サンサルバドル
18 サンタアナ
19 エルプログレソ
20 ハラパ
21 キリグア・ビエハ
22 プエルトバリオス
23 アトリタン湖
24 チマルテナンゴ
25 レオン(グアナフアト州)
26 プエブラ
27 メキシコ市
28 ポポカテペトル山(5450m)
29 イスタシワトル山(5286m)
30 ベラクルス
31 カテマコス湖
32 コアツァコアルコス川
33 カンペチェ
34 メリダ
35 ウシュマル
36 チチェン・イツァ
37 ベラクルス
38 コルドバ
39 オリサバ
40 メキシコ市
41 トゥスパン
42 ラスコロラダス(キューバ)

1955年

1月　このころ、ジョン・リード『叛乱するメキシコ』、グスマン『パンチョ・ビリャの回想』などの本を読む。また医学研究のために野良猫を拾う。

4月　アルバイトで、第2回パンアメリカン・スポーツ大会を取材。また、ベラクルスで開かれたアレルギー学会に研究論文を提出。このころから、家族・友人宛ての書簡でキューバへの深い関心を示す。

7月7日　恩赦で釈放されたフィデル・カストロ、ユカタンのメリダに到着。翌日、首都メキシコ市に着き、まもなくゲバラと知り合う。

7月26日　メキシコ市でキューバ人亡命者たちが開いたモンカダ兵営攻撃2周年記念集会に参加。

8月18日　テポソトラン村でイルダ・ガデアと結婚式を挙げる。

9月1日　ベラクルスでの医学会議に出席し、アレルギーに関する発表を行ない優れた報告だとして専門誌に掲載される。

9月16日　アルゼンチンでフアン・ドミンゴ・ペロン政権倒れる。

11月　イルダと共にユカタン半島を旅行し、ウシュマル、チチェン・イツァなどのマヤの遺跡を訪ねる。

12月　メキシコ・ソ連文化協会でロシア語を学び始める。

この年、ポポカテペトル、イスタシワトルへ登山する。

1956年

この年も登山を繰り返す。経済学に関心をもち、スミス、リカード、ケインズ、ハンセンらを読む。オストロフスキー『鋼鉄はいかに鍛えられたか』などのソビエト文学に親しんだほか、マークトウェイン、チェホフの作品を好む。

4月～6月　来るべきキューバ遠征隊はチャルコのサンタ・ロサ農場を借りて、アルベルト・バーヨの指導の下で軍事訓練に励む。このころ読んだ本に、ストーン『朝鮮戦争秘史』、バーヨ『カリブの嵐』などがある。

6月24日　メキシコ警察に、不法滞在で逮捕される。

7月31日　釈放されたが、内務省に「10日間で出国」との条件をつけられたため、地下生活をおくる。

8月　軍事訓練を続行する一方、多数の本を読む。なかでも、「征服」に関するクロニスタの諸記録、アルゼンチンのガウチョ文学、ゲーテ、ネルーダ、マルティ、ラテンアメリカ現代史に関するものなど。

11月25日　ゲバラを含めて82人のキューバ遠征隊員を乗せて、ヨット「グランマ号」がメキシコ、トゥスパン港を出港してキューバへ向かう。

以上の事実の抽出は、本書の記述および *Un Hombre Bravo*, por Adys Cupull y Floilán González, Editorial Capitan San Luis, La Habana, 1994 に基づいている。

ゲバラの第２回目　ＡＭＥＲＩＣＡ　旅行の旅程

1953年

6月　ブエノスアイレス大学医学部を卒え、医師資格を取得。ただちに、第一回目旅行の同行者アルベルト・グラナードがいるベネズエラの病院で働くための旅行準備を開始。

7月7日　カリーカことカルロス・フェレールと列車でブエノスアイレス発。

7月11日　ボリビアのラパスに到着。

7月26日　キューバでフィデル・カストロら青年たちがバティスタ政権打倒をめざして、サンティアゴ・デ・クーバの政府軍モンカダ兵営を攻撃。カストロらは逮捕される。

8月　ボリビア国境を超えてペルーに到着。クスコ、マチュピチュ遺蹟などを訪れる。

9月10日　エクアドルのグアヤキルに到着。

10月16日　フィデル・カストロ、公判廷で「歴史はわれわれに無罪を宣告するであろう」と語る。

10月29日　航路でパナマに到着。滞在中に雑誌「シエテ」にマチュピチュに関する論文「マチュピチュ：アメリカの石の謎」を執筆。

11月　コスタリカに到着。その後、ニアラグア、ホンジュラス、エルサルバドルを経て、グアテマラに到着。ペルーからの亡命者イルダ・ガデアと知り合う。同じ頃、グアテマラに亡命していたキューバ人（モンカダ兵営攻撃作戦参加者）とも知り合う。このころ、『ポポル・ブフ』などのラテンアメリカ古代文明関係書をはじめ、エンゲルスの『反デューリング論』、サルトルの『実存主義とは何か』『壁』『存在と無』『嘔吐』『汚れた手』などを読む。詩を好み、ネルーダ、ロルカ、バジェホ、マルティ、ボルヘス、マチャードなどの詩を暗誦する。

1954年

このころ、1949年の中国革命以降のニュースが伝わり、その革命の性格と中国文学への関心を深め、マルクス、レーニンらの本を読む。

6月　グアテマラのアルベンス民族主義左派政権を倒すために、米国に支援されたカスティージョ・アルマスによる軍事クーデタが起こり、ゲバラはその現場を目撃し、「ぼくはハコボ・アルベンス政権の崩壊を目撃した」との論文を書く。新政権に「危険な共産主義者のアルゼンチン人」と見做され、滞在不許可となる。

9月　メキシコへ到着。カメラを買い、街頭で人びとの写真を撮って生活費を稼ぐ。撮った写真を届けるためにメキシコ市を歩き回る。その後病院で働いたり、通信社の仕事をしたりする。グアテマラで知り合ったペルー人亡命者、イルダ・ガデアとの付き合いを深める。キューバ人亡命者とも知り合う。

凡例

一、本書は *Otra vez : El diario inédito del Segundo viaje por América Latina* (*1953-1956*), Ernesto Che Guevara, Editorial Sudamericana, Buenos Aires, 2000. の全訳である。ただし、著作権継承者の事情により、翻訳権契約は、本書イタリア語版の出版社である Sperling & Kupfer Editori, Milano との間で結んでいる。

二、本文中で使われている América には基本的に「米州」の訳語をあてた。これは、アラスカからパタゴニアまでのアメリカ大陸全域を示す際に用いられる、ラテンアメリカではごくふつうの用法である。日本でいう「アメリカ」が指す「アメリカ合州国」には、多くの場合「米国」の訳語をあてた。

三、奇数頁の左端にまとめた注釈はすべて「チェの個人文書管理所」による原注である。文中で［　］の中に括った説明文は訳注である。

四、旅程および二二二頁の地図は、日本語版編集部の責任でまとめた。

読者へ

『ふたたび旅へ』は、形式ばらない、証言の文章である。エルネスト・ゲバラ・デ・ラ・セルナという人物を形作る強い人格を理解するために、不可欠なテクストである。永遠の荷担者の役目を果たす言葉とともにあるテクスト。米州《テイエラス・アメリカーナス》を見出すために彼が通過した場所の状況をめぐる深い洞察が、皮肉とユーモアを織り交ぜながら語られている。私たちはこの文章を通じて、思想と行動に満ち満ちた彼自身の未来を幅広く展望することができる。

この日記以前に、初の南米旅行後にまとめなおされた記録がある。同じ出版社から出されたもので、夢と若さに満ち溢れており、《私たちのところにまで届き、アメリカの大地の地平線へと消えていく楽しい衝動》が伝わってくる（現代企画室版『増補新版　チェ・ゲバラ　モーターサイクル南米旅行日記』）。

読者に公表される日記は覚書も含め、彼が完全な革命家となる以前のものであり、最初の日記と同じように後で物語風に書き改められることになったかもしれない。しかし、理由は明らかだが、ついに書き改められることはなかった。そのため、この日記が公開されることは、《果てしなく広いわれわれのアメリカ》を巡る旅の中での決定的な出来事の数々を立証することとなり、その意味で、歴史的遺産として大変に優れたものだと言える。

テクストをよりよく理解できるよう、本編には付録がつけられている。読者はこの付録によって、より深く話に入り込むことができる。そして、その後この若者が一生を通じてかかわろうと心に誓った世界、二〇世紀でもっとも意義深い事件のひとつ、キューバ革命と永久に結びつけられた世界についての、思慮深く精緻な語り口を存分に味わうことができると思う。

ものを書く情熱にはいつでも写真がつきもので、雰囲気をより詳しく伝えたいと思うなら、欠かすことのできないものである。彼が積み重ねていったさまざまな経験や、それを目に見える形で残したいという彼の願いの生きた証として、テクストには旅の途中の未公開の写真を加えた。彼の優れた感受性や、道中自分の心を揺り動かしたものすべてを記録したいという情熱を、映し出す写真である。

チェの個人文書管理所

序文

アルベルト・グラナード

その著作や人生が人類の模範のようになってしまっているというのに、その人が書いた本の序文を書くのは、容易なことではない。生前の彼を取り巻いていた現実とは切り離し、伝説の中の人物にしてしまいたいという誘惑にかられる恐れがあるからだ。

その序文を書く人間が、「奔放な旅の夢」を実現するのに加わるという、大変幸運な経験をした者であるなら、なおさら難しい。

だから、周りにいた仲間のひとりとして、彼の友情を享受し、ふつうの人を上まわるその精神力と知能に直接触れることができた仲間のひとりとして、この偉大な友がただの人間であったということ、一個の人間でしかなかったということ、伝説の人物などではなかったのだということを、いつも心に留めておかなくてはならない。

この理想があるからこそ私は、遠く一九四二年一〇月以来の永遠の友として、『ふたたび旅へ』と前もって題されたこの二冊目のラテンアメリカ旅行記の序文を書く責務を引き受けようと思う。

この旅行記は色鮮やかな物語であり、読み進めば生身のエルネスト・ゲバラ・デ・ラ・セルナに出会うことができる。二五歳の無鉄砲な彼は、形成途上にあったひとつの人格のいろいろな側面を私たちに見せてくれる。あらゆる困難に立ち向かっていこうという心意気だったが、それは友人のカルロス・フェレール（カリーカ）とともに旅立つときの、《ふたつのばらばらの自発的な意志が、それぞれ何を求めているのかも、どっちが北なのかも分からないまま、米州へと散らばっていくのだ》という言葉に集約されている。

しかし、グアテマラで起きていた革命を体験し、それに加わるために、ベネズエラで用意されていたありふれた道を捨てることに決めたそのときから、すでに彼の中に変化が起きているのが感じられ、探していた道を見つけたのだという確信が得られる。

最初の南米旅行が、社会的格差に対する彼の思索を深めるのに役立ち、格差を縮めるために闘うことの大切さを痛感させたのだとすれば、二回目の旅行では、自らの政治的知識を固めていき、真の革命へと至る闘いをどのような理由でどのようにして起こすのかをより明確にするために、掘り下げて調べていくことがますます必要となっていったのだ。

親類や友人に囲まれてのあの別れを、新しい世界を求めて旅立つひとりの仲間を送り出すために、理由もわからないまま型どおりの別れの挨拶を交わした様を、思い出の中に再現してみる。しかしこの場合には、去っていく者は、自分の属する世界の規範をすべてうち砕き、それまでに打ち立ててきた枠組みをすべて否定して出て行こうとしているのだ。

アルゼンチン軍の作業服とぴったりしたズボン、古ぼけたシャツを身に付けている彼が目に浮かぶ。編み上げブーツの紐は、きっとほどけている。だがそれは、だらしないからではなくて、身なりは一番重要なものではないという彼流の価値観における優先順位からきているのだ。

そうして、大きな笑顔を浮かべて二等列車の車両から身を乗り出し、丸刈りに近い頭を堂々と上げたいつもの《ペラオ（はげの、という意味と同時に文無しの、ずうずうしいといった意味がある。語調によって軽蔑的にも親しみを込めても使われる）・ゲバラ》が、ブエノスアイレスのプラットホームから遠ざかっていき、歴史の中へと入っていく。

その瞬間から、日記の一ページ一ページに、彼が書き留めるにふさわしいと思ったすべてのものがめくるめく万華鏡を覗いているかのように現れ、そこにはいつもの凝りに凝った文章を書く彼、注意深い観察者としての彼がいる。

ボルサ・ネグラを訪れたときは、この鉱山を取り囲む景色を生き生きと描き出し、そしてこう付け加える。「けれども、鉱山は脈打っている感じがしなかった。日々鉱物を地上に運び出す労働者たちの力強い姿がなかったからだ。八月二日は先住民と農地革命の記念日なので、労働者たちは革命を守るためにラパスに行っていたのだ。」

この一節を読むと、エルネストにとってはすでに自明の理となりつつあったことが、ぎゅっと集約されているのがわかる。つまり、生活のすべての活動において人間が重要な意味を持っているということだ。しかも同時に、見事な美しい文学的表現で言い表されている。

この日記の中で特筆すべきもうひとつの点は、短い旅の間に彼がやってのけた、変化に富んだ数々の活動から明らかな、早熟な多面性が見て取れることだ。

ブエノスアイレス大学における教育活動についての講演を行ったり、スペインの著名な生理学者でフランコ派に追われていたP・スニェール博士と実験結果について論じ合うといった、互いに似ても似つかない仕事をこなしていたのだ。

議論の相手であり多くの場合異なる意見を持った人びとと、たくさんの意見のやりとりを始めたものだった。

人に会うごとに、批判的な総括をしており、ほぼ半世紀が過ぎた今になって、こうした分析の中に当たっていることがたくさんあるのに驚かされる。

コスタリカにたどり着くと、多くの亡命政治家たちと知り合いになるが、その中の二人はその後それぞれの国で重要な政治活動を行い、大統領となっている。

ドミニカ共和国のファン・ボッシュ、そしてベネズエラのロムロ・ベタンクールとの面談では、自然とある質問が浮かび上がる。この無名の、見かけにだまされない、辛辣で批判的な物言いをする青年は、どうやって二人の政治家が閉じ込められていた非公式な枠組みを取り崩すことができたのだろうか?

答えを出すことは簡単ではない。しかし実際に、彼が二人と意見を交わし、そのやりとりに結論を出すときには、これ以上ないくらい正確なものを導き出しているのだ。

ボッシュについては少ない言葉でその政治的活動がいかなるものだったのかを描き出している（その後一九六三年に大統領に就任するも、七カ月後右派のクーデタで追われ、亡命）。ベタンクールについては、ベネズエラ大統領時代に、また民主行動党の選挙システムの先頭にたったときに、ロムロがとるであろう行動を厳しい現実主義の目で予見している（一九五九〜六四年、大統領を務める）。ベタンクールは選挙システムによって、米国の多国籍企業に多くの富をもたらしたのだ。

日記には陽気で活発な調子も健在だし、思索家としての彼の脇には、元気で活力に満ち、女性の存在にちょっぴり弱く、自分にうそをつくことなく《ソコーロちゃん》にちょっぴり愛情と慰めを与えてあげ、こうした恋の冒険をとても繊細に捉えることもできる、そんな若者の姿を認めることができる。

メキシコ滞在時代について書かれた部分は、いろいろなことに興味を持ち、いろいろな局面を含むので、この日記の中でも特に重要なものだ。博物館を訪れ、オロスコやリベラ、タマヨ、シケイロスらの壁画を賞賛し、魅惑的なアステカのピラミッドを巡り歩くが、自分の本当の目的は決して忘れていない。《プロレタリアートとしての人生》を送るだろうと書くとき、メキシコ文化の魅力に決定的で覆すことのできない一つの重要なポイントを付け足している。

このようにして、ウリセス・プティ・ド・ミュラーやイルダ、ペトローナ、あるいはおばのベアトリスが、彼をブルジョアの道に走らせようと差し伸べる援助の手に甘んずることはない。本当の権力を手に入れるまでの労働者階級の生活を特徴づける《毎日の期待と失望の繰り返し》に身をゆだね、プロレタリアートとしての身分にとどまっていた。

本書にも描かれている、メキシコ在住のアルゼンチン人亡命者の一団との議論を読めば、自らを取り巻く政治的困難に対し、そのような新しい態度をとっていたということがはっきりと見てとれる。亡命者たちは、ペロン失脚後に登場したアルゼンチンの新政府に支持文書を送ろうとしていた。その会合でエルネストは、その政府を支持する前に、《組合民主主義などの具体的な行動や経済政策を政府がとるのを待って》と訴えている。

プロレタリア精神とともに、大きな仲間意識がこれまでになく強く彼の中に表れてくる。ちょうど、初めての旅で、チリの高地ですごした寒い夜に、労働者の夫婦と毛布を分かちあったときのように。今度はメキシコで、自分自身も経済的に苦しい状況にあったにもかかわらず、友人のエル・

パトホのために金（一五〇ドル）を工面してやり、金銭的にも愛情の面でも助けを必要としているグアテマラの母親のそばに帰ってやれ、と薦めるのだった。

本書の最後のほうには、二五歳までの彼の人生を特徴づけていた、三つの行動スタイルがつぶさに表れている。学問への傾倒とその能力、好奇心旺盛な旅人になったり、友人を伴って自然や文明について学習したりする彼、そして、本物の革命に参加することへの欲求。

その証拠といえるのが、グアナファトで行った、アレルギーに関する自分の研究発表についてのコメントだが、そこで彼は研究的な学問と人間的な医療とを秤にかけているのだ。

当時、自分の将来について、グラナード家の人びととカラカスで合流することになっていると書いている。そういう可能性もあると彼は考えていたが、それは確固とした決意というよりむしろ、つかの間の思いつきと言ったほうがいいものであり、友人の誘いに応えてくれようとしていたのだ。

とりわけ私にははっきりと確信の持てることなのだが、二度とは戻らないひとときを共に過ごした、一九五二年のあのフーセル（ゲバラの愛称。フリオソ［激烈な、激しい］・ゲバラ・セルナの短縮形）とは、まったく別の振舞い方や考え方をしている。旅をしたり、ものを調べたりする欲求は健在だが、学者と放浪者と革命家を少しずつやっていた自分に戻るのではなく、きっぱりと大きな飛躍をするために、身も心も捧げようという強い思いが感じられる。

まったく偶然に、あの厳しい八月にフィデルに出会い、彼の中に、求めていた安らぎと救いを見出したのだ（一九五五年八月ころ、メキシコでキューバ人亡命革命家、フィデル・カストロらと知り合った）。

のちに大変重要な意味をもつことになるこの出会いについては、日記の中にほとんど記述がないと言われるかもしれないが、その部分を書いたときに心の中では、巨匠の言葉をもじってこうつぶやいていたのではなかろうか、それとも私の思い過ごしだろうか……?
《沈黙の中に守られるべき事がらもある》と。

ハバナにて　一九九八年八月

チェ・ゲバラ　ふたたび旅へ——第二回AMERICA放浪日記

ラキアカのはげた丘陵地帯を歩いている僕たちの背中を、太陽がためらいがちに照らしていた。僕は頭の中で、最近の出来事を思い返していた。たくさんの人に見守られた旅立ち、ときどき涙が流されることもあった。風変わりな外見で荷物をいっぱい背負い込んだ二人の《おぼっちゃん》を見送るためにやってきた、上等な服や革の外套なんかを着たおおぜいの人びと、そしてそれをびっくりしたような目つきで見ていた二等列車の人びと。悪友の名前は今度はアルベルトでなく、カリーカ*だ。だけど旅は同じものだ。つまり、ふたつのばらばらの自発的な意思が、それぞれ何を求めているのかも、どっちが北なのかも分からないまま、米州《アメリカ》へと散らばっていくのだ。

禿げ上がった丘のまわりにはどんよりとした霧がかかっていて、それが景色に変化とアクセントをつけている。目の前にあるやせ細った川が、ボリビアとアルゼンチンを分ける国境線だ。線路がまたいでいるちっぽけな橋には、二つの国旗が顔をつき合わせるようにして立っている。ボリビアの国旗は新しくて色も鮮やか、もう一枚のほうは古く薄汚れて、しわが寄っている。まるで自分の象徴主義の貧弱さにやっと気づき始めたかのようだ。

何人かの憲兵と言葉を交わしていると、同僚にアルタグラシア出身のコルドバっ子がいるという。アルタグラシアは僕らが子ども時代をすごした村だ。ティキ・ビドラといって、小さいころの遊び友だちのひとりだったやつだ。アルゼンチンの北の果てでふたたびその名を聞くことになろうとは。

* ラテンアメリカの数カ国を巡る最初の旅を一緒にしたアルベルト・グラナードのことを思い出すとともに、一九五三年七月七日に開始したこの二度目の南米大陸旅行の同伴者、カルロス・フェレール(カリーカ)について語っている。(日記中のすべての注釈はチェの個人文書保管所によるものである。)

しつこい頭痛と喘息の発作のせいで、旅を中断せざるをえなくなった。そのため、ラパスに向けて出発する前に、その小さな村でとびきり退屈な三日間を過ごす羽目になったのだ。

二等列車で僕らが旅をしているという情報が流れると、旅そのものへの関心はあっという間に吹き飛ばされてしまった。チップをどっさりともらえるかもしれないという情報のほうが、もっと大事だったのだ。ここでも、そしてどこに行っても。

アルゼンチンとチリの税関では、ちょっとばかり気に食わないこともあったが、その後ボリビアに入ってからは、特に不都合もない。

ビジャソンからは、列車は丘の間や谷間やからからに乾ききった土地を通って、のろのろと北に向かう。緑は禁断の色なのだ。

列車はいかにも気が進まないといったふうに、硝石が見え始めた、草木一つない荒れ地を進む。だが夜になると、次第に何もかもを包んでいく寒さの中、何も見えなくなってしまう。今のところは客室があるけど、どんなにしても、いくら毛布を重ね着しても、しぶとい寒さが骨まで染み込んでくる。

翌朝になるとブーツが凍っていて、足がすごく不快だ。

洗面所の水や、ビンの水までが凍っている。

顔も洗わず髪も整えずに、ちょっと不安を覚えながら食堂車に行くが、他の旅人たちの様子を見て、かなりほっとする。

午後の四時に、列車はラパスのある谷間に入っていく。万年雪を戴いたイリマニ山（ラパス市南東に聳え立つ六四八〇メートルの山）に見守られるようにして、小ぶりだがとても美しい街が、谷底の起伏の多い土地に広がっている。ラストの数キロを走りきるのに、列車は一時間以上かかる。向きを変えながら下り続けるのだが、なんだかのらりくらりと街を避けているみたいだ。

土曜の午後だったため、紹介してもらった人をつかまえるのは至難の業だったので、身なりを整えて旅の垢を落とすことにする。日曜日にはさっそく紹介された人のところに行き、アルゼンチン人社会と連絡をとる。

ラパスは米州の上海だ。世界中から集まった多種多様な冒険家たちが、この街でぼんやり暮らしていたり、立身出世したりしている。この国を目的地へとひっぱっていく、多彩で、いろいろな文化が入り混じったこの街で。

いわゆる《立派な》人びと、つまり学のある人びとは、ここで起きていることに驚いて、先住民やチョーロ（メスティーソ＝混血）が見下されていることに非難を浴びせるが、僕から見れば、どいつもこいつも政府のいくつかの政策に対しては、ナショナリスティックな情熱をちらつかせている感じがした。

錫鉱山を仕切る三人の大物が権力を握っている、ということが象徴する状況に、終止符を打たなければならなかったのは誰もが認めるところだし、若者たちは、そうすることで人びとがより平等になり、富を公平に分配するための闘争を一歩前進させることにつながった、ということを理解している。

七月一五日の夜、松明行列が行われた。デモの範例とするには長ったらしくて退屈なものだったけど、強力な機関銃《ピリピッピー》、つまりモーゼル銃をぶっぱなして支持を表明するというやり方は、興味深いものだった。

翌日は同業者組合や学生、労働組合などの行進が、しきりとモーゼル機関銃に火を吹かせながら、延々と続いた。行進の分隊となっているそれぞれのグループのリーダーが、何歩か歩いては《何とか組合の同志、ラパス万歳、米州独立万歳、ボリビア万歳。独立の殉死者に栄光あれ、ペドロ・ドミンゴ・ムリージョに栄光あれ、グスマンに栄光あれ、ビジャロエールに栄光あれ》と叫ぶ。スローガンはくたびれた声で叫ばれ、それに添えられている単調な声のコーラスがまたぴったりの雰囲気なのだ。目を引くデモではあったが、覇気に欠けていた。みんなだらだらとした歩き方で情熱が感じられず、いかにも活気がなかったし、事情に詳しい人に言わせれば、鉱山労働者の力みなぎる顔が見られなかった。

先日の午前中、僕らはラス・ユンガスに行くトラックに乗った。はじめのうちは、ラ・クンブレと呼ばれる海抜四六〇〇メートルのところまで登っていき、その後は、ほとんど途切れることなく続く険しい断崖に両側をはさまれた雪庇の道を、ゆっくりと下っていった。ユンガスでは素晴らしい二日間を過ごした。あとは、四方を取り囲む緑にエロティックな雰囲気を添えてくれるような女性が二人ばかりいてくれれば、申し分なかったのに。曇り空に覆われ、何百メートルというはるか下を流れる川にまっさかさまに落ち込む、木の生い茂る山の側面には、独特の高さをもったココナツの林や、遠目には熱帯林から生えた緑のプロペラのように見えるバナナの林、オレンジやその他の柑橘類の林、実をつけて赤っぽく見えるコーヒーの林などが、点々とある。どこか静止した炎を思わせる形をした一本のパパイヤの木、そのほかの果樹、熱帯性の木々のやせほそった姿が、全体に彩りを添えている。

その一隅には、サレジオ派の修道士たちが経営する農業学校があり、ドイツ人修道士のひとりが、この上ない礼儀正しさで案内してくれた。そこでは、たくさんの果物や野菜が細かい気配りのもと育てられている。授業中だったため子どもたちには会わなかったが、アルゼンチンやペルーにある似たようなほかの農園の話が出たときは、プーロ出身の先生が憤慨して「すでにあるメキシコ人教育者が言ってるじゃないか、そこは畜生が人間よりも大事にされる世界で唯一の場所だ、と」と怒鳴ったのを思い出してしまった。僕はそれには答えなかったが、修道服なんか着ていたって、白人、特にヨーロッパ人の考え方では、先住民はあいかわらず下等動物扱いなのだ。

帰りは、同じホテルで週末を過ごしていた数人の若者のピックアップトラックに乗せてもらった。ラパスには、へんてこな外見ではあったけど速くてしかも比較的快適に到着した。

田舎の少女のように無垢で素朴なラパスは、美しい町並みを誇らしげに示していた。新しくできた建物を訪ね、テラスから街全体や市立図書館などが見渡せる小さな大学にも行った。

並外れて美しいイリマニ山が、周りに柔らかな光を与えている。この山は、自然がもたらした雪の暈を万年冠していて、それが光輪のようなのだ。特に黄昏時には、この孤高の山の荘厳さや厳粛さが一番強まるのだった。

トゥクマンの郷士で、厳かな穏やかさが印象的な人がいる。アルゼンチンからの亡命者で、彼のことを指導者であると同時に友として受け入れていたラパスのアルゼンチン系住民社会の、中心的人物であり指揮をとっている人だ。彼の政治思想は、世の中ではずっと前に時代遅れになったものだったが、われわれの荒っぽい大陸に広まった労働者階級の騒乱に引きずられることなく、独自にその思想を維持し続けているのだ。どんなアルゼンチン人に対しても、誰なのかとか何をしに来たのかとかを尋ねもせずに、友人としての手を差し延べてくれるのだ。彼の厳かなまでの落ち着きは、どうしようもなく惨めな僕たちに、父親のような永遠の庇護を与えてくれるかのようだった。*

　僕たちはある決断、ある変化を待ち望みながら、ぶらぶらと過ごし続けた。二日になれば、何が起きるかが分かる。けれども、僕の行く手にはなにかこう、たるんだというか波打つものがあるんだ。さて、どうなるか……。

　最後にボルサ・ネグラ鉱山を訪ねた。南の道を通って、約五〇〇〇メートルの高度まで登っていく。しかしその後、鉱山の管理部門がある谷底まで下りていかなければならない。鉱脈はその山腹の一部にある。

　なんとも威圧的な光景だ。背後には厳かで穏やかで堂々たるイリマニ山、前には白いムルラタ山、その手前には、山から突きだしたコップが大地のいたずらでそこにとどまっているかのようにみえる鉱山施設。山はさまざまな階調の暗い色で覆われ、音をたてない鉱山の静寂が、言葉を理解しない僕たちのほうにまで迫ってくる。

　丁寧に迎え入れられ、宿を提供してもらって、そのあと眠った。翌朝は日曜だったが、技術者の一人と一緒に、ムルラタ山の雪解け水でできた天然の湖に出かけた。午後には、鉱山から採れる鉱物、タングステンを抽出する精錬所を訪れた。

工程を手短かに説明するとこうだ。鉱山から採掘された鉱石は三つの部分に分解される。一つめは七〇パーセントの鉱物を含んでいる部分。鉱物は次のようにして抽出される。二つめはタングステンをいくらか含んでいるが少ない部分。三つめは岩層の部分で何も鉱物を含んでおらず、外の廃棄場に捨てられる。二つめの部分はケーブルカー（ボリビアではアンダリベルと呼ばれる）で運ばれてストックされ、その後それを砕いて小さな塊にする粉砕場まで運ばれる。別の粉砕場でさらにまた小さな塊にされ、数回にわたって水で濾過して、細かな粒となった状態で金属が分離される。精錬所の所長であるテンサ氏は大変有能な人で、生産を拡大し鉱山をより活用するため、一連の改良を計画してきた。

翌日は坑道に行ってみた。貸してもらった防水着をはおり、カーバイド灯を手に、ゴム長を履いて、鉱山の暗くおどろおどろしげな空気の中へと歩を進めた。車止めをチェックしたり、山の底のほうへと続く鉱脈を眺めたり、狭苦しい揚げ戸を通ってべつの階によじ登ったりしながら、二、三時間も歩き回った。貨車に載せられた積み荷は轟音とともに下のほうへ降ろされ、べつの階で集められる。圧縮空気を使った機械で積み荷を通すための穴を掘っていくようすを見たりもした。

けれども、鉱山は脈打っている感じがしなかった。日々鉱物を地上に運び出す労働者たちの力強い姿がなかったからだ。八月二日は先住民と農地改革の記念日なので、労働者たちは革命を守るためにラパスに行っていたのだ。

＊ イサイーアス・ノゲスのことを書いている。

午後になると、石のような顔をした抗夫たちがやってきた。色の付いたヘルメットをかぶっていて、なんだかよその土地の戦士のようだった。

彼らの無感動な表情、そしてそれを取り巻くようにしてこだまする、鉱山が積み荷を吐き出す単調な音、彼らを乗せてきたトラックが小さく見える谷間。興味深い光景だった。

ボルサ・ネグラ鉱山は、あと五年は現状と同じように生産できるが、その後は、新たに数千メートルの連絡坑道を鉱脈に作らないかぎり、生産はストップしてしまうだろう。坑道は計画されている。米国人が買う鉱物なので、さしあたってはこれだけがボリビア経済を支えているものなのだ。そのため政府は生産を拡大するように命じ、担当の技術者たちの聡明でねばり強い努力のおかげで、生産は三〇パーセント拡大した。レビージャ博士はとても親切に案内してくれ、家にまで招いてくれた。

ちょうどトラックがあったので、四時になると僕らは帰途についた。パルカという名の小さな村に泊まり、早朝にラパスに到着した。

今は逃げ出すために……を待っているところだ。*

グスタボ・トリンチェリはすばらしい写真家だ。公開写真展とプライベート作品を見たほか、彼の仕事っぷりを見るチャンスもあった。整然とした構図の中にしっかりと収まったシンプルな技術が、目を見張るほど価値のある写真を生み出している。僕らは彼と一緒に、ラパスを出てチャカルタヤ・スキー場を通り、ラパスに電力を供給している会社の水源を訪れる旅をした。

先日農務省に行くと、最高の礼節でもって迎えられた。奇妙な場所だ。高原《アルティプラノ》のいろいろな民族集団に属す大勢の先住民たちが、司法局に入る順番を待っている。どの集団もそれぞれの民族衣装を着ていて、彼らのことばで話す長《おさ》や教化師の指示を受けている。中に入ると、職員が彼らにDDTの粉をふりかける。

とうとう、出発の準備がすべてととのった。僕らは二人とも、そこに残していかなければならない恋の相手がいた。僕の別れ話は甘さのない、むしろ知的レベルでの話だったが、彼女とのあいだには何かがあるような気がしてならない。

最後の夜はノゲスさんの家で酒を飲んだが、飲み過ぎてカメラを忘れてきてしまった。大パニックのさなか、カリーカは一人コパカバーナに向けて出発し、僕はもう一日残って、睡眠をとってからカメラを返してもらいに行った。ティティカカ湖沿いに素晴らしい旅をして、その後タケリーア（タキーラの書き間違い?）経由でボルサ鉱山を横切ると、コパカバーナに到着した。一番いいホテルに泊まって、翌日太陽の島《イスラ・デル・ソル》に連れていってもらうため、小さいボートを借り切った。

朝の五時に起こしてもらい、島に向かった。風が弱く、手でボートを漕がねばならなかった。島に着いたのは一一時で、インカの建造物に行ってみた。後になってからほかにも遺跡があることが分かったので、むりやり船頭にそこまで連れていかせた。おもしろかったし、なんといっても遺跡の中をほじくり返していたら、いくつか掘り出しものが見つかったのだ。ひとつは女性をかたどった偶像で、これで僕の夢はほとんどかなったと言ってもいい。船頭は戻るのをいやがったが、

＊ 原文の文字が解読不可能。

ボートを出すよう説得した。それなのに死ぬほど怖じ気づき、みすぼらしい小汚い小屋で、わらを寝床代わりにして一晩過ごすはめになった。

翌朝ボートを漕いで戻ったが、疲れに邪魔されてばかをやってしまった。その日は寝て休息をとっているうちに一日過ぎてしまい、翌午前中にロバに乗って出発することにしたものの、よく考え直して結局やめにし、出発を午後に延ばした。トラックに乗せていってもらう取り決めを交わしてあったのに、僕らが大荷物を持ってたどり着く前に行ってしまったので、足止めを食らったが、結局小型トラックに乗せてもらって国境までたどり着くことができた。大冒険はそこから始まった。重い荷物を背負って二キロも歩かなければならなかった。とうとう荷物運びを二人雇うことができ、笑ったり冗談を飛ばし合ったりしながら宿までたどり着いた。僕らがトゥパク・アマル（最後のインカ皇帝の名でもあり、一七八一年ペルークスコ地方で起きたインディオ反乱の指導者の名でもある）と名付けたほうの先住民はなんとも情けないざまだった。休もうと腰を下ろすたびに、一人でできないものだから立ち上がるのを手伝ってやらなきゃならなかった。ぐっすり眠った。

翌日は、調査官が事務所にいないというありがたくないニュースが僕らを待っていて、トラックが行ってしまうのをなにも手の打ちようがないまま見ていた。退屈この上ない一日が過ぎた。

そのつぎの日は《コセタ》に乗って快適にプーノ*方面へ出発し、湖沿いの道を行った。この村の近くにはタキーラからこちら一度も見たことがなかったボルサス・デ・トロラが咲いていた。プーノに着くと、道中最後の税関を通ったが、そこで『ソビエト連邦の人間』と、非難がましくびっくりマーク付きで《アカ、アカ、アカ》とレッテルを貼られた農務省の出版物を取り上げられた。警察長官と楽しくおしゃべりしたあと、リマで同じ出版物を探すことになった。駅の近くの汚いホテルに泊まった。

荷物をぜんぶ持って二等車に乗ろうとしていると、一人の警官に呼び止められ、何やら裏で手を回してから、警官バッジを二つ貸すから、一等に乗ってただでクスコまで行くといい、と言われた。もちろん、お言葉に甘えた。こうして二等料金だけ彼らに渡して、快適な旅をした。

夜に駅に着くと、警官の一人はバッジを僕に預けたまま、いなくなってしまった。僕らはおそまつな安ホテルに泊まり、ぐっすりと眠った。

翌日、パスポート審査を受けに行くと、ひとりの捜査官がいて、あの手のやつらに典型的な職業的な口調で、君が昨夜持ち去ったバッジはどこだ、ときた。ことの顚末をそいつに説明してやり、バッジを返した。その日の残りは教会巡りに費やし、翌日も同じことをした。幾分、駆け足ではあったけれど、クスコで一番重要な場所はすべて見終わったので、マチュピチュ見物に行くために、お金をソルに両替してくれるアルゼンチン人のご婦人を待っているところだ。

もうソルを手に入れたが、一〇〇〇ペソ渡したのに六〇〇ソルしかくれなかった。仲介人が現れなかったので、アルゼンチン女がどのぐらいくすねたのかは分からない。分かっているのは、さし

＊ パスポートにははっきりした日付が残っていないが、エルネストのボリビア滞在は一カ月と何日かにのびた。しかし、ラパスを出発したのは八月七日で、そのことはクスコからの母親宛の手紙に記されている。この手紙は一九五三年八月二二日に書かれたもので、エルネスト・ゲバラ・リンチが引用している。*Aquí va un soldado de América*, Editorial Planeta, Argentina, 1987.（付録参照）

あたって僕らが腹ぺこだということだ。

ここ何日か待たされているうちに、クスコの教会やおもしろそうな記念碑は全部見尽くしてしまった。もういちど、祭壇や大きな絵画、説教壇などをひとまとめにして頭に思い描いてみる。

サンフランシスコ教会の説教壇の、清貧で落ち着いた様はとても印象的だった。その控えめなりは、コロニアル様式の建造物のほとんどに見られるような、ごてごてとした様式とは対照的だった。

ベレン教会にはもう塔ができているが、古いほうの棟の暗い色と比べると、新しい鐘楼の輝かんばかりの白さが目障りだ。

僕の小さなインカの女人像には、マルタという新しい名前を付けたんだけど、正真正銘のほんもので、インカ人がつくった合金、トゥニャナでできている。博物館の館員のひとりにそう言われたんだ。当時の文明が持っていた水準を知る目安となる土器のかけらがひとつも置いてなかったのは、不思議というか、残念なことだ（原文のまま）。値段の割にはいい食事をした。

マチュピチュは期待を裏切らない。これ以上の賞賛の言葉が見つからないくらいだ。それにしてもあの灰色の雲、暗紫色やそのほかの色に染まった頂、その上に浮き上がって見える灰色の遺跡の明るさ、あれは僕が想像しうる光景のなかでも最もすばらしいもののひとつだ。

ソトさんは僕らを歓待してくれて、結局、宿泊費の半分しかとらなかった。けれども、カリーカがすっかりこの土地に夢中になっている一方で、僕のほうは、アルベルトが一緒だったら良かったのにという思いがいつもつきまとった。僕らのよく似た性格が、どんなにうまくお互いを補い合うものだったか、マチュピチュで思い知らされた。

教会をちょっとのぞいたり、街を出るトラックを待ったりするために、クスコに戻った。日々が過ぎていき、ペソやソルがどんどん減っていくうちに、僕らの希望もひとつひとつもぎ取られていった。ちょうど必要としていたトラックを見つけてあって、荷物全部を背負って行ってみたら、実際にはなかった二ポンドの重さのことで大もめした。いくらか妥協して交渉するという手もあったかもしれない。でも、明日の土曜日までは金詰まり状態だったし、最初の計算ではバスよりも四〇ソル高かったのだ。

ここクスコで、ある霊媒師に知り合った。ことの顛末はこうだ。例のアルゼンチンのご婦人のことを、彼女とペルー人技師のパチェーコと一緒に話題にしていたときに、二人が霊能力のことについて話し始めた。僕らは吹き出したくなるのをこらえながら、まじめくさって話を聞いていた。そしたら翌日、二人が僕らをその霊媒師のところに連れて行ったのだ。そいつは、僕らの中に見える光について、いくつかへんてこなことを教えてくれた。カリーカには、親しみとエゴを表す緑色の光が見えると言い、僕の中には、順応性を表す深緑の光が見えるんだそうだ。それから僕には、腹の中に何か不快感を抱えてないか、君のオーラはちょっと弱まっているように見えるが、と尋ねてきた。僕は、はたと考え込んでしまった。なんせ、僕の腹は、ペルー料理と缶詰め食にうんざりしてたから。この霊媒師との集まりに出られないのは残念だ。

もうクスコは遠ざかってしまった。バスに乗って、果てしなく続くかと思うような三日間の旅のあと、リマに着いた。アバンカイからこっち、バスが通ってきた道は、アプリマック川の渓流沿いに続いていた。アプリマック川はだんだんと細くなっていった。ようやく首まで浸かるぐらいの水があるよどみで水浴びをしたが、あまりにも寒くて、僕にとってはあんまり気持ちの良い水浴びにはならなかった。

旅は延々と続いた。僕らが座っている座席の下が鶏の糞だらけになっていて、足元の耐え難い悪臭のために、ナイフでばっさり切り取って捨ててしまいたいぐらい、最悪の環境だった。タイヤが数本パンクし、旅がさらにまた長引いたあげく、ようやくリマにたどり着くことができ、安っぽい汚いホテルで泥のように眠った。

バスの中で、アプリマック川に行ったことがあり、そこで女探検家のいうことを聞いたばっかりに難破した、というフランス人探検家に会った。彼女は最初、自分のことを教授だと言っていたが、ふたを開けてみれば学生の家出娘で、おまけに泳げなかったんだそうだ。絶対ろくな目にしか遭わなそうな男だ。

ペッシェ先生とハンセン病療養所*のみんなに会いに行った。みんな大歓迎してくれた。友人たちとの約束に忙しくて、リマに着いて九日経っても、たいしたところには行けずにいるが、一食一・三〇で食べられる学食を見つけたので、食べ物には不自由していない。

ソライダ・ボルアルテが自宅に招いてくれた。そこから有名な3Dを観に映画館に行った。僕にはぜんぜん革新的に思えなくて、映画には変わりなかった。おもしろかったのはそのあとで、二人の警官に会ったんだが、彼らはなにもかもおじゃんにして僕らを刑務所に引っ張っていき、そこで数時間過ごしてからまた翌日会おうと言って追い払った。それが今日なんだ。どうなることやら。

警察での件はたいしたことはなく、軽く尋問を受け何回か詫びたら、放免してもらえた。翌日また電話がかかってきて、ロイ・デ・ラ・パス夫妻の子どもとおぼしき少年が発見されたのだが、誘拐犯カップルについての情報をくれないか、と言われた。

なにも新しいチャンスがないまま、日々が過ぎていった。唯一の大きな出来事といえば住居を変えたことで、おかげで完全にタダで生活できるようになった。

新しい家はすばらしかった。パーティを開いて、僕は喘息が出ていたため酒は飲めなかったが、カリーカは新しい彼女を手に入れることができた。

ペッシェ先生の話は申し分なく魅力的で、多岐にわたるテーマで自信たっぷりに話してくれるのだった。

ペイラノ婦人のきょうだいを通じて、すでにツンベス行きの切符を手に入れたも同然の状態だ。リマで見るべきものは事実上もう何もないが、ここで待っているところだ。

日々はだらだらと過ぎていき、僕ら自身の惰性も手伝って、必要以上にこの街に居座ってしまった。たぶん、明日の月曜日には切符の件が片づき、出発の日付もはっきりするだろう。パソさんたちが現れて、ここで仕事に就く見通しがかなり確実になったと言っている。

そろそろ出発の時間で、夢見る街リマをもう一度散策する最後の数分が残っている。内部は壮麗さに満ち満ちているが、(僕の意見では)外面的にはクスコの寺院のような厳かな質素さを出しき

＊デ・ギーア療養所。ペッシェ博士とソライダ・ボルアルテは最初のラテンアメリカ旅行でゲバラを助け親交を結んだ。そのためリマに戻るとすぐ、彼らを訪ねていったのだ。

れていない、教会のかずかず。大聖堂には、主の情熱をあらわす一連の情景が描かれている。たいへん芸術性が高くオランダ派を思わせる画家の手になるものだ。しかし身廊の部分は気に入らないし、様式の面でちょっと特徴がなさすぎる概観も好きじゃない。スペインで戦時の激情が退廃し、贅沢や快適さへの傾倒が始まった頃の、移行期に建てられたみたいだ。サン・ペドロ寺院には価値のある絵画がひととおりあるが、やはりその内装は気にくわない。

僕らはロホ（一九二四年生まれのアルゼンチン人弁護士、リカルド・ロホ。ペロン政権を逃れて亡命する途中、各国でゲバラと出会う）にばったり出くわした。彼も僕らと同じような目に遭ったらしいが、持っていた本のせいでもっとひどい目に遭ったようだ。グアヤキルに旅立つので、あちらで再会するだろう。

リマとのお別れに、『大音楽会』（一九五二年、モスフィルム製作。ヴェラ・ストローエワ監督）を観た。ちょっとまずいんじゃないかというぐらい、北米《ノルテアメリカーナス》映画に似たロシア作品だったが、色彩や音響の点では、ずっと質が上だった。患者たちとの別れは、それなりになかなか感動的だった。手紙を書こうと思う。

ピウラまでの最初の旅はあっというまで、昼飯時には着いてしまった。僕は喘息が出ていたので部屋に籠もりきりで、ちょっとは村の様子が見たくて夜に少しだけ外出した。アルゼンチンの地方都市にありがちな村だったが、新しい車が多いところが違っていた。

運転手と交渉してまけてもらい、翌日ツンベス行きのバスに乗った。絵趣に富んだ石油港であるタララなど、いくつかの村を経由して、夜になる頃にはツンベスに着いた。

喘息のためツンベスも見ることができないまま旅を続けて、国境のアグアス・ベルデスに到着し、その後国境の反対側にあるウアキージャス*に渡ったが、国境となっている橋のこちら側からあちら側へ渡すのが仕事の、山賊どもの襲撃を免れることはできなかった。旅は一日中断されたが、カリーカはこの日をビールのただ飲みに活用した。

翌日はサンタマルタまで行き、プエルト・ボリーバルまで船で川を下った。一晩航行して、午前中にグアヤキルに着いたが、僕の喘息は相変わらずだった。

そこで太っちょロホと会うと、彼は一人ではなく法学部の学生三人[*2]と一緒で、泊まっている下宿に連れていってくれた。僕らは六人となり、手持ち最後のマテをまわし飲みしながら、学生さながらの親密な集まりを持った。どんなに頼んでも、領事は頑としてマテの葉を分けてくれなかった。

このあたりの港湾都市と同じく、グアヤキルの街自体は何の活動もない、ただ、毎日の船の出入りが中心に回っているだけの、便宜上の街だ。

グアヤキルはあまり探索できなかった。太っちょロホともう一人がグアテマラに旅立つというので、その件に終始してしまったからだ。あとになってから、マルドナード[*3]という青年と知り合い、僕をサファディ博士[*4]という医療従事者に紹介してくれた。サファディ博士は精神科医で、友だちのマルドナードと同じくボルシェ[*5]だった。彼らを通じて、あるもう一人のハンセン病専門医に紹介さ

---

* 彼らは一九五三年九月二七日にエクアドル入りし、二八日に入国審査を受けている。
*2 アルゼンチンの学生で、アンドリュース・エレーロ、エドゥアルド（グアロ）・ガルシーア、オスカル・バルドビノス。
*3 ホルヘ・マルドナード・レイネージャ博士。
*4 フォルトゥナート・サファディ博士。
*5 彼が共産主義者すなわちボルシェヴィキであることを言っている。

れた。

彼は一三名の患者を抱えた隔離療養所を持っていたが、かなり物資の乏しい状況で、きちんとした処置はほとんどされていなかった。

病院はどれも、少なくとも清潔で、何から何まで悪いというわけではなかった。

僕のお気に入りの暇つぶしはチェスで、下宿の仲間と遊んでいる。喘息はだいぶ良くなった。ここでベラスコ・イバーラ[*]の居場所をつきとめるため、あと二日いようと思っている。

いろいろな計画をふいにしたり立て直したり、お金の面で不安に陥ったり、グアヤキル嫌いになったり。それもこれも、ガルシアがふと口にした冗談のせいだ。「君たち、僕らと一緒にグアテマラに行かないか?[*2]」。もともと心の奥底で考えていたことで、僕自身が決心するのに、この一押しが欲しかったのだ。カリーカは僕に同行する。東奔西走の怒濤のような日々が始まった。ビザは一応発給されたも同然なのだが、必要な二〇〇ドルのうち、荷物を売っぱらってかき集めたところで、どうにも手に入りそうにない一二〇・八〇ドルが残っている。パナマまでの旅費は、一日あたりひとりあたま二ドル、四人分で合計三二ドルの支払を除いては、タダだ。問題はこれだった。中止の可能性がある。パナマでは乏しい日々が待っているんだ。

ベラスコ・イバーラとの会見は、残念ながら失敗に終わった。アンダーソンさんという祭事長官は、手助けをしてくれと悲壮な様子で懇願する僕たちに、人生には浮き沈みというものがあるんだよ、今は苦しいときかもしれないが、今に良いときもくるさ、などと言った。

日曜日には、氾濫しやすい川がある、雨の多い地域にありがちな湾岸地帯をいくつか訪ねたが、フォルトゥナート・サファディ博士と、保険営業をしているという彼の友人が一緒に行ってくれたおかげで、特に興味深い旅行になった。ちょっと前に、パナマでは乏しい日々が待っていると書いたけど、いったいぜんたい、パナマは僕らを待っているのかどうか……。グアテマラ行きのビザを難なく手に入れると、船の切符を買いに行った。パナマ用のビザなしで切符を買うためだ。そこでは、コロン・パナマ社に前もって電報で確認してからでないと、絶対に切符を売るわけにはいかない、と船会社の代表者に言われ、一悶着あった。翌日の夜に返事が来て、絶対に切符は売れませんということだった。これが土曜日のことで、日曜日に出航の予定だった《グアヨス号》は、出航を水曜日まで延期した。

カリーカは、ただで個人所有のトラックに乗って、キト方面に出発した。

月曜日にもう一度トライしてみた。今回は、最初に出発することになったガルシアと僕の名前で、三五ドル払った通行証と一緒に。結果はノーだった。こうなったら乏しい最後の手段とばかり、カリーカに待っていてくれと電報を打った。夜に例の保険の営業をしているエンリケ・アルブイサと会って話すと、たぶん切符を手に入れられると言うので、翌朝、つまりは今日、ある旅行会社の担当者と話をしたのだが、この人にもダメだと言われた。けれども他の手を用意し、僕らをパナマに運んでくれる船会社が手形を発行してくれる、と説明された。保険の営業マンは《グアヨス号》の船長の友だちでもあったので、僕を連れて彼のところにまで頼み込んでくれた。船長は沸騰したミ

＊ 数回再選されたエクアドル大統領。
＊2 付録に収録した、グアヤキルから母親に宛てられた一九五三年一〇月二一日付の手紙を参照。

ルクみたいな勢いで怒りだしたが、僕らが事情をちょっと説明すると平静さを取り戻し、今日の午後、最終的な返事をもらえることになった。

ともかく僕らはもう一度キトに訂正の電報を打って、カリーカは少なくともボゴタまで、ひとりで旅を続けることになった。僕らの予定はというと、最後の返事を待って二人がパナマに行くか、三人ともできるだけ早くここを出るかだ。

どうなるかな……。

どうもならなかった。一時間以上も《グアヨス号》の船長を待っていたのに、空しい徒労に終った。明日には、どうするかきっぱり決めることになるが、いずれにせよアンドロ・エレーロはここに残る。連絡係としてひとりはグアヤキルに残る必要があるし、しかも突破口を見つけるにしても、三人分より二人分のほうが簡単だ、と言うのだ。それはその通りだ、でもこれにはどうも裏があるような、彼をここに引き留めるのは女に違いないという気がするのだが、あいつは個人的なことに関しては謎だらけで、だれもなにも知らないんだ。

うんざりするような喘息に悩まされて、ひどい日を過ごした。めまいもし、しょっぱい味の下剤をのんだせいで下痢もしていた。ガルシアは一日中なんにもせずに過ごしていたので、相変わらず今後どうなるのか分からない状態だ。

パナマのビザのことで頭がいっぱいだ。もう何もかも準備ができたという時になって、あと九〇スクレときた。そのときは持ち合わせがなかったので、午後にまた、ということになった。けれども領事とばったり出くわし、アルゼンチンの船舶を見せてくれた。かなり感じよく応対してくれて、お茶っぱまでくれたくせに[*]、領事は几帳面にも僕に船賃の一〇スクレを払わせた。僕にとってはとても思い出深い、《アナ・G号》と同じタイプの船だった[*2]。このことははっきり書いておきたいのだが、登録事務所を警護していた兵士たちの背中には、USというイニシャルがついていた。

《パナマ発グアテマラ行きの支払済み切符所有》という、たいそうな題辞付きのビザが、すでに手元にある。ものすごい騒ぎになるぞ。今日はガルシアと一緒にアルゼンチン船で食事をしたが、まるで王様でも来たかのような接待ぶりで、米国のタバコをプレゼントしてくれ、食事に加えてお酒も飲んだ。この日は他に何もなかった。

もうあと二日。居心地の悪いお別れのせいで悲しかった土曜日、遅れた出発のせいで悲しかった日曜日。土曜日にはカメラは売れたも同然だったのに、ブルジョワっぽい所有欲が捨てきれず、すぐに売ることができなかった。あとになってからでは、明らかに手遅れだった。今日、どうなるかが分かるんだけど。指輪は、日曜の夜にまずまずの手応えで売り飛ばせた。しかし朝になって、一文無しでおまけに金が手に入るあてもない状態で、全ての計画がおじゃんになってしまいそうになったときに、出航が延期されたという知らせがとどき、天からの贈り物じゃないかと思ってしまった。けれども出発日を尋ねると、技師は自信なさげな様子で「さあね、たぶん木曜あたりだろう」と答えた。大喜びからうってかわって、僕らは意気消沈してしまった。あと五日ということは、さらに一二〇スクレかかるということだ、つまり、支払いをするのがもっと困難になるんだ……。

＊ マテ茶の葉。
＊2 一九五〇年からのカリブ海航海で看護士として登録した船のこと。

そしてどんどん日にちが延びて、カメラは売れず、他に売るものもなくなってしまったので、そうとう貧乏な状態になってしまった。一文無しどころか、五〇〇スクレの借金、一〇〇〇までいくかもしれない。けれど一体いつ出発できるんだ？　それが問題だ。ようやく日曜に出発することになっているけど、不測の事態が起きてまた延期ということにならなければ、の話だ。

もう船の上にいて、最近のことを思い起こしてみる。売り払える荷物を買いとってくれるひとを必死で探し回ったこと、逃げ腰で結局怖じ気づいてしまった、指輪を買った男のこと、五〇〇スクレを出し下宿の女主人と話をつけてくれた、友だちのモナステリオの決然とした表情のこと。お別れのときというのはいつでも寒々しくて、期待していたより悪くて、心の奥底にある気持ちをその場で外に出すことができない自分がいるんだ。

いま僕らは一等船室にいる。お金を払う立場だったらろくな部屋じゃないが、僕らにとっては願ってもない船室だ。ルームメイトは、飛行機で電光石火の米州旅行をするおしゃべり好きなパラグアイ人と、気のいいエクアドル人。どっちも間の抜けた野郎だ。ガルシーアは船酔いしてしまい、吐いてベナドリル（抗ヒスタミン剤の一種）を飲んだあとは、すやすやと眠っている。今日の午後は技師とマテを飲む約束だ。

チリで知り合い、このアルゼンチンの船で偶然再会した外交官を通じて、ブエノスアイレスのおばのひとりが亡くなったことを知った。なにかのついでといった感じで、この知らせを僕に伝えてきた。

聞くところによると、マルタは面白くもなんともないそうなので、僕らは港に降り立たなかった。

けれども翌日にはエスメラルダスでとんでもない浪費をしてしまい、一ドル無駄にして村中を回ってから、出国スタンプを押してもらった。

ルームメイトのひとり、エクアドル人のほうが、面識のなかったいとこと出くわして、ふたりはすごく意気投合し、僕らを熱帯の山あいにある村の郊外に連れていってくれた。

その後、まるまる一日海で過ごした日があった。僕にとっては最高だったのに、グアロ・ガルシアにはまったく気に入らなかった。エスメラルダスを出発するときに密航者がひとり見つかり、港へ戻されてしまった。それを見たら、むかしのいやな思い出がよみがえってきた。

いま僕らはパナマにいる。* 行き先も決まっていないし、はっきりしたことは何もないのだが、(グアテマラに)着けるということだけは保証されている。信じられないことばかりが起きた。順に書くと、着いたときには何も起きなかった。税関職員が荷物をのんびりとチェックし、別の職員がパスポートにスタンプを押して回収し、僕らは船を降りた港のあるバルボアからパナマシティに向けて出発した。

太っちょのロホが、ある下宿の住所を置いていってくれていたので、そこに行ってみると、ひとり一泊一ドルで、廊下に泊まらされた。

その日はこれといって新しいこともなく過ぎたが、翌日とてもびっくりするようなことがあった。アルゼンチン領事館に行って郵便を開けてみると、ロホとバルドビノスからの手紙があり、バルド

＊一九五三年一〇月二三日付けの手紙の中でエルネストは、同月の二九日か三〇日あたりにパナマ入りするだろうと予想している。出発は一〇月二五日だった。(付録参照)

ピノスが結婚したと書いてあったのだ。興味津々でいたら、ルスミラ・オジェール嬢*が現れて、結婚の話とか自分たちのことをいろいろ聞かせてくれた。彼女の家中が大騒ぎになり、父親は家出し、母親はバルドピノスを家に上げてくれず、やつは彼女と寝ることもなく、どうやらまともに触れあうことすらせずに、グアテマラへの旅を続けたのだった。

彼女はとてもいいひとだし、かなり頭の切れるひとだけれど、あまりにも信心深いカトリック教徒なのが僕の趣味には合わない。

たぶんアルゼンチン領事がうまく裏取引してくれるだろうし、たぶん『シエテ』という名前の雑誌に寄稿できるだろうし、たぶん講演会を開くだろうし、たぶん明日は食い物にありつけるだろう。

新しい動きはなにもない。ただ、明日僕はアレルギーについての講演をすることになっているが、その講演会はブエノスアイレス医学校の組織とちょっとばかり関係があるのだ。学生たちは本当に暖かく迎えてくれた。生理学者のサンティアゴ・ピスニェールさんと知り合いになったし、アレルギーの話題以外のところではカルロス・ゲバラ・モレーノ博士という人と会ったが、この人の頭の良さと弁の立つことといったら、驚くばかりだった。集団心理学にはとことん精通しているものの、歴史的弁証法についてはそれほどでもなかったが。すごく感じの良いひとで、礼儀正しく、僕らにも敬意を払ってくれた。自覚と確信を持って行動しているという感じを与えるが、大衆を満足させる程度以上の革命は起こさないだろう。彼はペロンのことを崇拝している。たぶん、『シエテ』誌に一本、日曜版の『パナマ―アメリカ』誌に一本、計二本の小論を掲載してもらうことになるだろう。

ルスミラは、オスカル・バルドビノスからの手紙を受け取った。一六枚もあったのだ。幸せいっぱいだ。

サンティアゴ・ピスニェール博士を含む、一二人の聴衆を前にした例の講演会を終えた。しめて二五ドル。アマゾン川の年代記を書いて二〇ドル、マチュピチュについての年代記でたぶん二五ドル。

僕らは住居を変えることになった、タダの住居だ。まだ若造の絵描きと知り合いになったが、悪いやつではない。僕の連れたちは、アルゼンチン領事館に行ったからという理由で、またFUA（アルゼンチン大学連盟）の飛行機でグアヤキルからキトまで飛んだからという理由で、FUAから追放されそうになっている。バルドビノスはというと、《反ペロン派のアルゼンチン青年のグループ》の名前である声明を発表したかどで、グアテマラで拘留されている。あいつらは一体どうなるのだろう。僕らは、パナマ学生連盟の会長であるマリアノ・オテイサさんと散策に出かけた。リオマールの浜辺に行ったが、とても快適だった。

アマゾン川の年代記が『パナマ—アメリカ』誌[*2]に掲載された。もう一本の方は、もめている最中。僕らの状況は悪い。どうやってここを出ていけるのか、どういうかたちで出ていけるのか分からない。コスタリカの領事はぐうたら野郎で、ビザを発行してくれない。マヌエル・テイジェイロとい

＊ あるパナマ人議員の娘。

＊2 「河の巨人の周辺を概観して」日曜版『パナマ—アメリカ』誌、一九五三年一二月一二日、一〇ページ。および、「マチュピチュ—アメリカにおける石の謎」週刊誌『シエテ』、一九五三年一二月一二日、一八ページ。（付録参照）

う彫刻家と知り合ったが、おもしろいやつだ。

いろいろ、やっかいなことになっている。シンクレアという、アルゼンチンで勉強した画家と知り合った。いいやつだ。

これまでのところ一番感じ良かったのは、アドルフォ・ベネデッティ、ロムロ・エスコバル、イサイーアス・ガルシアの三人組だ。みんな本当にいいやつらだ*。

パナマ運河はまだよく見ていない。このあいだ行ってみたのだが、遅すぎて閉まっていたのだ。

二人追加しなければ。エベラルド・トムリンソンとルベン・ダリーオ・モンカダ・ルナだ。

パナマでの最後の数日はひどいもんだった。コスタリカの領事は、出国便の切符ばかりか帰国便の切符も提示しなければビザは発行してくれようとせず、僕らはルスミラに借金を申し込むしかなかった。カメラは質屋から取り戻せず、ＰＡＡを使ってのコスタリカ行きの切符代も返せなかった。ルスミラのために開かれた送別会には、僕らは行けなかった。というよりむしろ、行けなくなってしまったのは僕のほうなのだが。グアロが僕らを見る周囲の目に卑屈になってしまって、行きたがらなかったからだ。そのせいで、ルスミラはちょっと冷たくなった。

もう一本の記事では、一五ドルもらえた。もうひとりのいいやつ、ホセ・マリーア・サンチェスが頑張ってくれたおかげだ。

手持ち五ドルでパナマに向けて出発したのだが、最後の最後でおもしろい人物に出会った。リカルド・ルティ、コルドバ出身の植物学者で喘息持ち。アマゾン川と南極大陸に行ってきたところで、米州中央部を通ってパラグアイ—アマゾン—オリノコと旅しようと考えている。僕が前に考えていたコースだ。

今はパナマの中心部にいる。僕らを運んでいたトラックのスプリングは完全に壊れていたのだが、交換用の部品を求めてダビッドまで行ったトラックの運転手は、戻ってくる気配すらない。米を少しと、卵一個の朝食を採った。夜は蚊のために眠れず、昼は蚊のために生きられず（僕って詩人だな）。比較的標高の高い地域で、ひどく暑いというほどでもなく、木も水もたくさんある。

駆け足でパロ・セコを訪ねた。二〇年前からそこに住んでいるという、ユダヤ教徒の米国人夫婦がいた。すごい知識があるというふうには見えなかったが、病人たちに付ききりで過ごしていた。ルベン・ダリーオ・モンカダは、半分はずした。運転手は最悪のなかの最悪で、カーブでブレーキが故障して転覆してしまった。僕は荷台の上にいたのだが、とんでもないことが起きたのを見るとできるだけ遠くに飛び降り、頭を両手でかばいながら体が止まるまで少し転がっていった。惨事が起きると他の人たちを助けようと駆け寄ったが、僕をのぞいてはだれも何ともなかったことが分かった。ひじを擦りむき、ズボンは破け、右のかかとがひどく痛かった。

その夜、僕はトラック運転手のロヘリオの家に泊まった。グアロは、荷物の見張り番をしながら野宿だ。

翌日は二時の列車に乗り遅れ、そのまた翌日の朝七時の列車に変えるはめになった。それに乗ってプログレソまで行き、そこからは歩いてコスタリカ領の坂まで行き、歓待を受けた。足を怪我し

＊ 全員、パナマ学生連盟のメンバー。

ていたが、サッカーをした。*

朝早く出発し、迷ったあげくちゃんとした道を見つけて、ぬかるみの中を二時間歩き、鉄道の終点にたどりついて警官と口約束を交わした。この警官はたまたま、アルゼンチンに行きたかったのだがうまくいかなかったのだった。港に着いた僕らは、税関に旅費の立て替えを頼んでみたが、立て替えは認めてもらえたものの、泊めてはくれなかった。二人の職員が僕らのことを気の毒がってくれ、彼らのこの部屋にいさせてもらっているところで、床で眠っているのだが、とてもいい気分だ。〔アホのパチューコども（メキシコ系米国人）を運んでいる〕パチューカ号は、明日の日曜日にこの港から出航する予定だ。ようやくベッドにありつけた。病院はきちんとした処置を提供できる快適な施設だが、快適さの度合いは、ユナイテッド・フルーツ社内でのその人の地位によって差があった。いつものことながら、グリンゴたちの階級意識が感じ取れる。

ゴルフィート（《小さな湾》の意）とはいっても、かなり深い本物の湾だ。二六フィートもある船舶が完璧に収まるのだから。小さな埠頭と、ユナイテッド・フルーツ社の一万人の従業員が寝泊まりできるだけの施設がある。ひどく暑いが、とてもきれいなところだ。一〇〇メートル級の山が岸壁にそそり立っていて、山肌は熱帯の植物で覆われ、人間がしょっちゅう入らないとすぐ生い茂ってしまう。街自体もきっちりと区分けされていて、自由に出入りできないように警備員まで配置されている。もちろん、一番いい地区は米国人が住んでいる地区だ。どこかマイアミに似たところがあるが、当然のことながらそこには貧しいひとたちはおらず、自分の家の壁に四方を守られ、狭い交友関係に限られている。昼飯は、友だちになった気のいい青年、アルフレド・ファジャスのおごりだ。

メディーナはルームメイトで、こいつもとてもいいやつだ。コスタリカ人がひとりいるが、自分自身は医学生で、父親は医者だ。もうひとりはニカラグア人の教師で、ソモサ（ニカラグアの独裁者一族の名）から逃れるために自主亡命した新聞記者だ。

パチューカ号は午後一時にゴルフィートを出航し、僕らはそれに乗っている。二日間の旅用の食料をたっぷりと持ち込んだ。午後には海が少し荒れてきた。《リオ・グランデ号》（というのが船の本当の名前だ）が、激しく揺れるようになった。グアロを含め、ほとんどの乗客が吐きはじめた。僕は黒人の女の子に起こされて一緒にデッキにいた。ソコーロは一六歳だというのに雌鳥より好色なんだ。

ケポスはまたべつのバナナ積み出し港だが、プランテーションの作物をバナナから会社にとって収益の少ないカカオとナツメヤシに替えねばならず、そのせいで、現在はユナイテッド・フルーツ社にはかなり見捨てられている。ここにはとても美しい浜辺がある。

お上品ぶってすかした態度をとる、例の黒人の少女の相手をしているうちに一日が過ぎ、午後六時にはプンタレナスに到着した。六人の囚人が逃亡し、見つけることができなかったので、そこで随分長い間足止めを食った。僕らは、アルフレド・ファジャスがフアン・カルデロン・ゴメス宛の手紙と一緒にくれた住所を訪ねていった。

＊コスタリカ到着の日は一九五三年一二月一日だった。

そいつはこの上もなく親切にしてくれて、二一コロンくれた。あるおしゃべりなブエノスアイレス出身者《ポルテーニョ》が軽蔑を込めて言った、「中米は大農園の集まりだ、コスタリカ大農園、ソモサおじさんの大農園、といったぐあいさ」という言葉を思い出しながら、サンホセ入りした。

想像の世界でのいやらしい旅のことが書かれた、アルベルトからの手紙をもらって、またあいつに会いたくなってしまった。三月に米国に行く予定を立てているようだ。

僕らはここで威嚇射撃と狙撃を開始した。大使館にいけばマテ茶がもらえる。メモしてきた友人たちは、どうやら全くの役立たずだ。ひとりはラジオのディレクター兼司会者で、ぼんくら野郎だ。明日はウラーテに会えないか試してみるつもりだ。

なんとなく無駄に一日が過ぎた。ウラーテは多忙をきわめていて、僕らの相手をすることができなかった。ロムロ・ベタンクールは田舎に行ってしまっていた。あさっては、写真やらなにやら一連のとんでもないでたらめ付きで、コスタリカの新聞に僕らが載ることになってる。これ、というひとには誰にも知り合えなかったが、ルスミラ・オジェールの元求婚者というコスタリカ人と会って、他のひとを紹介してもらった。明日はたぶん、コスタリカのハンセン病療養所を訪ねてみると思う。

すばらしい二人の人物に会ったが、ハンセン病療養所はまだだ。大変博識な方で、計略にかかってすでに療養所の管理職からは退いたアルトゥーロ・ロメロ先生と、教育について研究している、とても人柄の良いアルフォンソ・トレホス先生だ。病院には行ってみたし、明日にも療養所に行く。すごい一日になるぞ。作家兼革命家のドミニカ人であるフアン・ボッシュ、それにコスタリカの共産党指導者のマヌエル・モラ・バルベルデと会談するんだ。

ファン・ボッシュとの会談は、とても興味深いものになった。はっきりした考え方を持った、左派寄りの文学者だ。文学の話はせず、ただ政治の話だけをした。彼はバティスタ（当時のキューバの独裁者）のことを、悪党に囲まれた悪党と呼んだ。ロムロ・ベタンクールとは個人的に友人関係にあり、ベタンクールのことを熱っぽく擁護した。プリーオ・ソカラスやペペ・フィゲレスについても同じだった。彼はペロンのことを、米州諸国の人民の安定した支持は得ていないと言い、一九四五年にはペロンを米州で最も危険なデマゴーグであると糾弾した論文を書いた、と語った。議論は全体的に、とても暖かな雰囲気のなかで行われた。

午後には、マヌエル・モラ・バルベルデと会談したのだが、彼は落ち着いたひとというか、むしろとつとつとした感じのひとだった。チック症のような動きをいろいろとするからで、それは手際よく押さえ込まれた衝動というか、内面に大きな不安を抱えていることを示していた。コスタリカの最近の政情について、一点の曇りもない解説をしてもらった。

「カルデロン・グアルディアは裕福な男で、ユナイテッド・フルーツ社と地元の地主勢力の後押しで、権力を握ったのだ。そうやって二年間、世界大戦が始まってコスタリカが連合軍側に付くまでのあいだ統治した。国務省が最初にとった政策というのは、コーヒー豆栽培に優先的に使われていたドイツ人地主たちの土地を接収するよう要求することだった。その通りになり、あとになってその土地は売り払われたが、それはカルデロン・グアルディア政権の閣僚が係わっているとみられる闇取引につながり、ユナイテッド・フルーツ社を除く全ての地主の支持を失うことになったのだ。

この会社の従業員は、接収に対する反応からみて、反米主義者だ。事実、カルデロン・グアルディアは孤立無援になり、自分に向けて飛ばされるヤジのせいで、通りを歩くこともできなくなってしまったほどだ。そんな折り、労働基本法制定と内閣改造を引き替え条件に、共産党が支持を申し出た。そうこうしているときに、当時は左派でモラ（ここではモラが語った内容をゲバラが書き直しているため、「モラ」となっており、原文通りに訳しているが、実際は「私」とするべきだと思われる。以下も同様。）とも個人的に親しかったオティリオ・ウラーテが、彼をだますための計画を立ててみせた。カルデロン・グアルディアはこれを見破っていた。モラは連帯を推進し続け、労働者が基本的権利を手に入れ始めた頃には、カルデロン政権は大きな支持を得ていた。

　カルデロンの任期満了に伴って、後継者問題が持ち上がっており、共産主義者たちは、国全体が和解した統一戦線を作り政府の労働政策を継続することを提案し、ウラーテを推した。対抗馬にレオン・コルテスが立候補して、徹底抗戦の構えを見せた。この時期ウラーテは、自分が主催する『ディアリオ・デ・コスタリカ』紙上を舞台に、強力な労働法反対キャンペーンを開始し、左派勢力の分裂とオティリオ自身の方向転換を促すことになった。

　選挙ではテオドロ・ピカードが勝利した。意気地のない知識人で、ウィスキーで身を滅ぼしている。どちらかと言えば左派で、共産党に後押しされて政権をスタートさせたのだが。任期中ずっと左派寄りの態度をとり続けたが、政権下で警察長官を務めたキューバ人将校は、米国から押しつけられたFBIの諜報部員だった。

　政権末期には、不満を抱えた資本家たちが銀行と工業の部門で大規模なストライキを打ち、政府はこれを打破することを望まなかった。学生が通りにあふれ、発砲され、けが人が出た。テオドロ・ピカードは混乱のなか逮捕され、選挙が近づき、二人の候補者が立った。再選を狙うカルデロン・グアルディアと、オティリオ・ウラーテだった。テオドロ・ピカードは共産党の意見に背いて、ウラーテに選挙組織を引き渡し、自らは警察を手中に収めた。不正だらけの選挙が行われ、ウラーテの陣営が勝利した。選挙裁判所で選挙の無効が訴えられ、提出された告訴について、何でも良いから判決を下すよう求められた。どんな判決が下ろうとそれを尊重するが、とにかくひとつの判決を下してくれということだった。裁判所は告訴を受け入れなかったが、三人の判事のうちひとりだけの票に救われて、訴えは議会に提出され、承認されて選挙は無効となった。そのとき大きな論争が起きて、人びとは一触即発の空気の中にあった」。ここで話は中断した。

「グアテマラでは、アレバロ大統領の政権下で、カリブ社会主義共和国と呼ばれるようになるものが形成されていた。グアテマラ大統領の庇護のもと、プリーオ・ソカラス、ロムロ・ベタンクール、フアン・ロドリゲス、ドミニカ人富豪のチャモーロ、その他の人びとから成っていた。初期段階の革命計画は、ニカラグアに上陸してソモサを権力の座から追いやることだった。エルサルバドルとホンジュラスは大きな闘争を経るまでもなく落ちるだろうからだ。しかし、フィゲレスの友人であるアルグエジョがコスタリカ問題を提起し、国内の緊張状態のためにフィゲレスはグアテマラに飛んだ。同盟が結ばれて、フィゲレスがカルタゴで蜂起し、空からの援護を受けるのに必要な拠点となる空軍基地を、すばやく占拠した。

すぐに抵抗勢力が組織されたが、政府は武器を与えたがらなかったので、国民は武器を手に入れるために兵舎を襲撃した。ウラーテは人民とのつながりがなかったため、人民の援助を受けない革命となったが、そういう革命は失敗する運命にあった。しかし、共産党に指揮された人民軍は、勝利をおさめることになるだろう。そのためブルジョワ階級と、彼らの側に付いていたテオドロ・ピカードは、たいそう不安に感じていた。ピカードは、武器を入手するためにソモサと協議するべくニカラグアに飛んだが、そこで同じく協議の最中だった米国人高官のひとりと出くわし、援護の見返りとして、共産主義根絶を要求された。そうすればマヌエル・モラを失脚させ、人員とセットで武器が送られることが保証されたのだ。つまり、コスタリカ侵攻を意味していた。

ピカードは、常に自分を支えてくれた共産党を裏切ることになるという理由で、そのときは承諾しなかった。しかし、革命は風前の灯火で、政府内の反動的勢力は共産主義者たちの力に非常に恐れをなし、防衛を放棄してしまったので、サンホセの目と鼻の先まで侵攻軍が入り込んでしまった。そうなると彼らは首都を捨て、ニカラグア国境付近のリベリアに拠点を構えた。同時に、残りの軍隊は手に入る地区をすべて占拠し、それをニカラグア人に引き渡してしまった。そのとき、メキシコ大使館を保証人につけたフィゲレスとの間で協定が結ばれ、人民軍は降伏した。フィゲレスは協定を遵守しなかったが、メキシコ大使館にはそれを反省させることはできそうもなかった。なぜなら、彼らの敵は米国国務省だったからだ。モラは追放され、乗っていた飛行機が撃墜されたが、運良く一命はとりとめた。飛行機はパナマの米国領内に着陸し、米国警察に拘留され、当時のパナマの警察長官、レモン大佐に身柄が引き渡された。彼を取材しようとした米国人記者たちが追いだされたので、彼はレモンと口論になり、留置所に送られた。そこからキューバへ渡るのだが、そこではグラウ・サン・マルティンにまで追いだされ、ついにはメキシコに移ってウラーテの時代まで国に戻れなかった。

フィゲレスは問題に直面していた。彼の軍勢は、たった一〇〇名のコスタリカ人と、カリブ部隊を構成することになっていた約六〇〇人だけで、当初はモラに対して、自分の作戦は一二年計画であること、ウラーテに代表されるような腐敗しきったブルジョワどもに権力を譲り渡すつもりはないことを宣言していたにもかかわらず、ウラーテと裏取引をするしかなくなり、一年半で政権を譲り渡すという約束をしてしまったのだ。選挙機構を好きなように作り替え、組織的で残忍な弾圧を行った後で、この協定は実行された。その期間が終わるとウラーテが政権を掌握し、割り当てられた四年間を統治した。彼の政権は、それまでの政府が築き上げてきた、制度化された自由や進歩的な法制度の尊重といったことを、保証する性質のものではなかった。寄生虫法の異名をとる、地主弾圧法の廃止を除いては。

不正だらけの選挙では、カルデロン派を代表する対抗候補をおさえて、フィゲレスが勝利した。なぜならカルデロンは、追放され侮辱を受けて、メキシコにいるからだ。モラ氏の意見では、フィゲレスはよいアイデアをひととおり持ってはいるのだが、学問的根拠の全くないものなので、いつも脇道にそれてばかりいるのだそうだ。米国を二分しているものは何か。（全く正当な）国務省と、（危険なタコである）資本主義軍勢だ。フィゲレスが国務省の偽善に気が付いたとき、どんな行動に出るかは未知数だ。闘うか、服従するか。ジレンマはここにあるのだが、どうなることか」。

何も足跡の残らない日、退屈で、本を読んでも会話をしても、面白みに欠いていた。パナマの年金生活者であるロイという老人が、サナダムシにやられて死にそうだというので、面倒をみることになった。慢性免疫不全を患っている。

ロムロ・ベタンクールとの会談は、モラのように僕らに歴史講義をしてくれるという性質のものではなかった。頭の中にいくつか確固とした考えを持っている政治家だが、残りの部分では流動的で、一番有利なほうへ方針を変えるタイプだという印象を受けた。基本的にはがっちり米国寄りだ。リオ協定を歪曲し、もっぱら共産主義者をこき下ろす発言をしていた。

みんなに、特にレオン・ボッシュというインチキ野郎に別れを告げて、乗り合いバスでアラフエラまで行き、そこからはヒッチハイク。いろいろと波乱があったものの、その夜にはグアナカステ州の州都リベリアにたどり着いた。みすぼらしくて風の強い小さな町で、アルゼンチンのサンティアゴ・デル・エステロ州[*]のようなところだ。

道路の許す限り遠くまでジープに乗せてもらい、それ以降はかなり強い日差しの下、徒歩で移動しはじめた。一〇キロ以上歩いたころ、また別のジープに出くわして、クルスという小さな町まで乗せてもらい、お昼をごちそうになった。二二キロは進もうと午後二時には出発したのだが、五時か六時になるころには日が暮れてきて、僕の足もひどい状態だった。米を運ぶ無蓋貨車の中で眠ったのだが、一晩中毛布の取り合いをしていた。

午後三時まで歩き、一二回ほども河を迂回してから、ペニャス・ブランカスに到着した。もう隣のリバス市まで行く車がなかったので、[*2]僕らはここで一泊しなければならなかった。

朝から雨で、一〇時になるまで一台もトラックが姿を見せず、小降りの雨に挑戦することにしてリバス方面に向けて出発した。そのとき、太っちょロホがボストン大学のナンバープレートを付けた車に乗って姿を現した。コスタリカへ渡ろうとしていたのだが、それはできない相談だった。僕らがときどき身動きを取れなくなっていたぬかるんだ道は、パンアメリカン・ハイウェイだったのだから。ロホは、ドミンゴとワルテルのベベラッジ・アジェンデ兄弟と一緒だった。僕らはリバスまで行き、町の近くでアサードとマテとカニータを腹に入れた。カニータはニカラグアのジンの一種だ。《ソモサの農園》に移動させたリトル・アルゼンチンという感じだった。彼らは、車のままプンタレナスに渡るためにサン・フアン・デル・スールに向かい、僕らはマナグア行きの乗り合いバスに乗った。

到着したのは夜で、一番安いところに泊まろうと、下宿屋や安宿を巡り歩いた。ついに見つけたのは、ひとりあたま四コルドバで泊めてくれる宿で、電気のない部屋をあてがわれた。

翌日は、いつもながら役立たずの各国の領事館を訪ね歩きはじめた。ホンジュラス領事館には、国境を通過できなかったロホとその仲間たちがいて、しかも目を剝くような高い料金をふっかけられたため、あきらめてしまったということだった。そこですべてがあっという間に決まった。僕ら二人がベベラッジ兄弟の若いほう、ドミンゴと一緒にグアテマラに行って車を売り払い、太っちょとワルテルは飛行機でコスタリカのサンホセへ行くことになった。

その夜は長時間の集まりを持って、アルゼンチンの問題についてそれぞれが自分の見方を出し合

＊ 付録に収録した一九五三年一二月一一日付『ディアリオ・デ・コスタリカ』掲載コラム「ボリビアで壮大な実験が行われている」参照。
＊2 一二月二二日、ニカラグアに移動するときのこと。

った。ロホ、グアロ、ドミンゴは強硬な急進派で、ワルテルは労働者寄り、僕はロホに言わせれば一匹狼。僕にとって一番興味深かったのは、労働党とシプリアーノ・レジェスについての考えを聞かせてくれたワルテルで、僕とは全然違う考え方をしていた。シプリアーノの労働組合指導者としての原点、ベリーサの冷凍工場労働者の間で徐々に名をあげていったこと、民主同盟の連帯を前にして彼がとった行動、つまりそのときに創設された労働党、ペロンの政党を自分の犯している危険を知りつつも指揮したこと、などについて話してくれた。

選挙が終わるとペロンは政党の統一化を命じた。政党を分解するための方策だった。すると議会では激しい論争が巻き起こったが、シプリアーノ・レジェス率いる労働党員が手を緩めることはなかった。ついには、デ・ラ・コリーナ海軍代将とその部下ベレスに代表される軍隊の指揮する、革命クーデターに向けての相談が始まった。ベレスは代将を裏切り、ペロンに密告した男だ。

三人の主な党指導者、レジェス、ベベラッジ、ガルシーア・ベジョーソは、投獄されて拷問を受けたが、特にレジェスはひどい仕打ちに遭った。しばらくすると、パルマ・ベルトラン判事が逮捕者たちの条件付き解放を命じたが、彼らは警察の監視下に置かれ、検事は判決を上訴した。議会の招集中にベベラッジは逃亡に成功し、秘密裡にウルグアイへ出国したが、他の者はみな捕らえられてしまい、今も刑務所にいる。ワルテルは経済学教授の資格を得るために米国へ行き、そこでラジオ放送された一連の講演のなかでペロン体制を一刀両断にし、アルゼンチン国籍を剝奪された。

ほかの人たちを飛行機まで送ると、僕らは午前中に北へ向けて出発し、閉まるぎりぎりに国境に到着した。僕らの手持ちは二〇ドルだった。ホンジュラス側から支払いをしなければならなかった。

この国の狭い帯状の土地をすっかり越えてしまうまで進み続け、もう一つの国境に突き当たったが、とても高くて支払いができなかった。仲間はゴムマットの上、僕は寝袋にくるまって野宿した。

僕ら先陣部隊は国境を越え、北へ向けて進み続けた。しみったれたスペア部品のせいでタイヤというタイヤがパンクしてしまい、非常にのろのろとしか進めなかった。サンサルバドールに着いてビザをたかるのに専念したが、アルゼンチン大使館の仲介のおかげで手に入れることができた。国境にたどり着く*まで旅を続け、国境ではコーヒー数ポンドを割増料金の代わりに支払った。国境の反対側では懐中電灯をひとつ手放すことになったが、もう先は見えていた。懐には三ドルしか残っていなかったが。ドミンゴが眠気に襲われたので、僕らは車の中で睡眠をとった。

ちょっとした波乱の末、朝食の時間帯にはオスカルとルスミラの下宿に到着したのだが、彼らは大家と半ばいさかいの最中だったので、お金を借り始めるために他の下宿を探さなければならなかった。一二月二四日の夜は、アルゼンチン人と結婚した農業技師のファン・ロテの家に、クリスマス・イブのお祝いをしにいった。彼は、僕らのことを古くからの友人であるかのように丁重にもてなしてくれた。よく眠って、飲み過ぎたら、すぐに具合が悪くなった。

それから数日間は死ぬほどひどい喘息の発作に悩まされ、体の具合が悪かったのと祝日だったこともあって、身動きのとれない状態で過ごした。三一日にはようやく回復したが、大晦日のパーティの間は完璧な食事制限をこなした。

＊彼らのグアテマラ到着は一九五三年一二月二三日か二四日のことだった。（付録参照。）

口を利くチャンスのあった興味深い人びととは、誰ひとりとして知り合いになることができなかった。ある夜、もとアプラ党（ペルーの民族主義運動組織「アメリカ人民革命同盟」のこと。APRA）議員の（リカルド）テモーチェと、長い時間話した。彼は誰と話しても、アプラ党の一番の敵は共産党だと言う。帝国主義も寡占政治もへちまもあるものか、ボルシェヴィキは絶対に歩み寄れない敵なのだ。同じパーティにカルロス・ダスコリ級の経済学者が来ていたのだが、このむかつく体調のせいで、話をすることができなかった。僕の発作のあと、パーティの終わり頃に、ドミンゴ・ベベラッジとその彼女のフリアの間のロマンスが崩壊する現場に居合わせた。真剣につき合っていたみたいだが。ドミンゴは車を売り払い、コスタリカへ飛んだ。

フアン・ロテはホンジュラスに技師として赴任するので、送別会としてアサードをしてくれた。とにかくなにもかもが最高だった。おいしい目にあずかれなかったのは、食事制限をしていた僕だけだった。僕はペニャルベールを訪ねていった。彼は民主行動党に属するマラリア専門医で、あるものを僕に都合してくれるために動いてくれたひとだ。僕は大臣まであと一歩なのだが、見通しは全然明るくない。

また別の機会には、マルクス主義についてとんまなことを書いてはスペイン語に翻訳させる、妙な米国人《グリンゴ》と知り合った。仕事の仲介をしたのはイルダ・ガデア*で、実際に働くのはルスミラと僕だった。今までに二五ドル支払ってもらった。僕は米国人に英語-スペイン語の授業をしている。

他の収穫といえばバレリーニ夫妻だ。夫人はたいそうかわいらしく、夫のほうは酒飲みだが好人物だ。政府内の影の大物、マリオ・ソーサ・ナバーロに引き合わせてもらえることになったが、どうなるだろうか。

何の解決もないまま日々が過ぎていく。午後はペニャルベールのところで少し働いているが、一銭も支払ってくれない。午前中は、地元の人びとに敬愛されているキリスト、エスキプラスを売り歩いているが、ほとんど儲けにはならない。なかなか売れないのだ。僕が知り合ったおもしろい人びとの中にアルフォンソ・バネルガイスという人がいて、農業銀行の主任弁護士であり、善意の人だ。エデルベルト・トーレスは、ルベン・ダリオの生涯について書いたトーレス教授[*2]の息子で、若き共産主義学生だ。いい青年のようだ。例の、影の大物については何もない。太っちょロホやグアロと一緒に、メンデスという技術者の家で、政治問題について白熱した議論を交わした。

仕事を見つける可能性に関しては、何も変化はない。公共衛生大臣を前にしての行政工作は失敗に終わった。今のところ、明らかにうまい話といえるものはラジオ・コマーシャルの契約ぐらいで、こっちはまだ話は何も決まっていないものの、いくらかの見込みはある。ここ何日かは興味深い人物には全然出会っていない。僕は八時から午後二時少し過ぎまで副腎皮質刺激ホルモン剤を服用しているので、体の調子は良い。

近々の見通しは何も立っていない。例の影の大物は、約束のあとも姿を見せなかった。つまらない土曜日。エレナ・デ・ホルスト夫人[*3]と中身の濃い話ができたことだけは良かった。彼

＊　のちにチェの最初の妻となる、アプラ党の亡命者。アメリカ人というのはハロルド・ホワイト教授のこと。キューバ革命が勝利するとチェによってキューバに招かれ、一九六八年に没するまで住んだ。
＊2　ニカラグアのずば抜けた知識人であるエデルベルト・トーレス・リバスのこと。
＊3　ホンジュラスからの亡命者。

女はいくつかの点では共産主義者に近く、とても良い人だという印象を受けた。夜はムヒカ[*]やイルダと話をし、いかがわしい仕事をしている女先生とちょっとした冒険をした。今日からは毎日、日記を付け、グアテマラの政治の現状にある程度は近づけるようにするつもりだ。

日曜日、特に新しいことなし。夜には、腹部の激痛を訴えているキューバ人[*2]の世話をして欲しい、と僕のところに人がやってきた。救急車を呼んでもらい、二時まで病院にいたが、手術をするのは待ったほうがいいと医者が診断したので、経過を見ることにした。

それより前に、ミルナ・トーレスの家でのパーティで、僕にちょっと目を付けた女の子がいて、給料四〇ケッツアルの仕事があるんだけどという話だった。どうなるかな。またもやつまらない一日。一〇ケッツアル（僕らの取り分はコミッションとして二五ドル）と家が手に入る可能性がある。どうなるだろう。例のキューバ人は自分のアパートにいるが、何の病気だったのか確認しなくては。

またつまらない一日。こういう表現は癖になるので危ない。グアロが一日中姿をくらまし、何もしなかったので、僕のほうも何もしないで過ごした。夜には、たぶん働くことになる学校に行ってきた。

何も新しいことは起こらなかった。ボリビア大使と話をした。いい人だったが政治の知識についてはいまひとつ得るところがなかった。夜はCGTG[*3]の第二回労働組合会議の開会式に行った。FSM代表だけは話のうまい人だったが、彼の演説以外はひどいしろものだった。

また同じような一日……。噂になっていた陰謀が実在したことを証明するものが公表された。あるコマーシャルの仕事を手に入れるチャンスがめぐってきたのだが、ちゃんとした計画書を提出しなければならない。僕は一文無しで、すばらしい宣伝のアイデアがあり、職なしの役者だ。マテの葉っぱなら腐るほどある。

またもやつまらない一日。ディアス・ロソット[*4]のほうには、なにも期待できない。何かしら良いことが期待できる女の子と一緒に出かけた。アニータに、下宿代を払ってくれと言われたが、イルダには一〇ドルしか貸してもらえない。六〇ドルかそれ以上の借金がある。明日は日曜なので、ぶっ倒れている場合ではない。

僕らの日常を変えてくれるような大きな出来事は何も起きないまま、また二日が過ぎた。喘息が前よりひどくなったが、どうにか抑えられそうだ。グアロは太っちょロホと一緒に、一カ月のメキシコ旅行に出る。僕はIGSS[*5]の代表、アルフォンソ・ソロルサノ宛ての手紙を持っているのだが、どうなるだろうか。このあたりのことが何もはっきりしなければ、ここ数カ月のうちに荷物をまとめて、僕もメキシコに渡るつもりだ。《グアテマラのジレンマ》というタイトルで大仰な記事を書いたのだが、これは発表するためのものではなく、たんに自己満足のために書いただけだ（……

＊ 亡命中のアプラ党指導者、ニカノール・ムヒカ・アルバレスのこと。
＊2 日記中ここで初めて、当時グアテマラに亡命してきていたモンカダ兵営を襲撃したキューバ人の話が出てくる。エデルベルト・トーレス教授の娘でイルダ・ガデアの友だちだった、ミルナ・トーレスを介して彼らと接点を持つようになる。
＊3 グアテマラ労働総連。
＊4 大統領府秘書のハイメ・ディアス・ロソット。
＊5 グアテマラ社会保障機構。

中略*)。
喘息はどんどんひどくなっていく。マテ茶を飲み始め、トウモロコシのトルティージャを食べるのもやめたのだが、悪くなる一方だ。明日には奥歯を一本抜こうと思っている。はたして諸悪の根源はそこにあるのかどうか。それと、お金の問題をようやく解決できるかどうか。

日記を書くのにおあつらえ向きな日々がさらに続く。内面的生活は充実しているのだがそれ以外には何もない。ありとあらゆる種類の失敗をやりつくし、相変わらず無駄な期待ばかりさせられている。僕は間違いなく楽観的運命論者タイプだ。最近は喘息に悩まされて過ごしているが、この二、三日は外出すらできず、部屋に軟禁状態だ。ただし、昨日は、ベネズエラ人たちとニカノール・ムヒカと一緒に、アマティトランへ行った。そこでみんなと僕とのあいだに、ものすごく激しい言い争いが起きたのだが、太っちょロホだけは、君には議論をするだけの倫理的価値がないと言い切って、言い合いに加わらなかった。今日は、一時間働けば月給八〇ケッツアル稼げる医者の仕事があるかもしれないということで、行ってみた。IGSSではすでに、全然仕事の可能性はないと保証してくれた。ソロルサノは親切かつ簡潔だった。今はまた振り出しに戻って一日が終わりそうだ。様子を見よう。

だけど何も見えてこなかった。動けそうもなかったので、グアロに頼んで学位証明書を出しに行ってもらったが、後になってエルベル・ツェイシグのほうでは僕が党員なのかどうかなどの個人情報をほしがっていた、ということが分かった。イルダはエレナ・デ・ホルスト夫人と話さなかったが、……電報を打ってくれた。喘息が治まらない。グアロは出発間近だ。

こんなことの繰り返しの日がもう二日増えただけで、それ以外に新しいことは何もない。喘息のせいで出歩けないでいる。ただ、昨日の夜は吐いたので、峠を越したように思えたのだが。エレニータ・デ・ホルストがやっと連絡をとろうとしてきたが、じっさい彼女ならもっと助けてくれるのではないかと期待している。イルダ・ガデアはずっと、とても心配してくれていて、ひんぱんに様子を見に立ち寄っては、いろいろなものを運んできてくれる。フリア・メヒーアスが、週末を過ごすための家をアマティトランに用意してくれた。エルベル・ツェイシグは、最終的な決断をする重荷から手を引いて、共産党の支持を確保するためにV・M・グティエレスに会いに行くように、と言ってきたが、そううまくいくものだろうか。

また一日が過ぎた。体の具合が良くなり始めたので、希望も新たになっているのだが。今日がほんとに最後の日で、グアロはとうとう明日の未明に行ってしまうので、今夜はここでは寝ない。下宿代の半分はロホが払った。僕は四五ケッツアルの借金がある。明日アマティトランに行くかどうかは、まだ分からない。グアロが来るまでには、どっちにするかはっきり決めていると思う。

ホルスト夫人を訪ねて行くと、とても親切に応じてくれたが、彼女の約束してくれたことは、もちろん誠実な約束であることは疑いようもないが、公共衛生省の大臣の言葉いかんにかかっている。すでに僕のことを手厳しく追い払ったことのあるひとだ。夜には、息子を亡くして一日中激しい頭痛に悩まされている、フリア・バレリーニのところに行った。

4＊ 後に *Aquí va un soldado de América* の六八ページから七四ページに掲載された。（付録参照）

二日間というもの奇妙な悪寒が続き、特に屋外で過ごした夜はひどく、ぶるぶる震えたりなんかしていた。ミルナが開いた青年祭の後でのことだった。気分を変えるために、イルダに連れられて行った祭典だ。そのあと、眠ろうと思って湖のほとりまで行ったのだが、そうしたら震えやら何やらに襲われたって訳だ。翌日曜日は市場で食料を少し買い、湖の別の岸へゆっくりゆっくり歩いていって、硫気孔があるところでひどい昼寝をした。マテを飲もうとしたのだが、水があまりにも苦すぎた。日が暮れてから、アサードをしようと火をおこしたのだが、薪が悪く、僕ももう寒くなっていて、しかもすごくまずいアサードが出来上がった。こんな不面目の名残を残したくなかったので、半分は湖に捨ててしまった。

ゆっくりと歩いていると、ひとりの酔っぱらいに出くわし、彼のおかげで道のりが近くなった。ある小型トラックが僕らを拾ってここまで乗せてくれたのだ。

月曜日は、特にこれといったことは何もなかったが、僕のために口を利いてくれている医者の仕事がある、という知らせがペニャルベールからあった。ホルスト夫人はPARには誰も知り合いがいない。人事部門を取り仕切っている党なので、十分仕事のことを頼むことができるのだが。どうなるだろうか。

はっきりそれと自覚できる失望の日だ。躁鬱病の発作を起こしてそう言っているのではなく、現実を冷静に見つめてのことだ。アルゼンチン人のところでの監督としての仕事は手に入っていて、唯一確定している仕事だ。労働組合専属の医者の仕事はあきらめた。ある農村での仕事と、エレニータ・デ・ホルストが見つけてきてくれた仕事は、宙ぶらりんな状態のままだ。ペジェセール*と個人的に知り合いになったが、なんということもないひとだ。

それ以外のことはいつもの日と変わりなく、手当たりしだい知り合いを作っている。もし状況に変化がなければ、しばらくは看板描きで生活費ぐらいは稼げるし、節約していけばいい。さてどうなるかな。

とうとう家からの手紙が届いたが、この人たちに対してどういう身の処し方をすればいいかは分かっている、ノーと言うことだ。気力がなかったので、部屋で昼寝をして過ごすことにしたため、この日はあっさりと終わった。大物のディコノは出発せず妻だけが発ち、捨てるほどたくさんのお金をくれた。

たぶん明日は、開拓地での仕事で田舎に行くことになる。

数日が経過した。二日はラ・ビーニャの開拓地にいたが、コルドバ大山脈の景観がすばらしい土地で、きちんとした仕事をするのに必要な人材も揃っているものの、肝心なところが抜けていた。つまり、費用を出してまで医者を雇おうという気がないということだ。すべて順調だったのだが、何かに中たったらしく、帰り道で胃の調子がひどく悪くなってしまい、胃の中のものをみんな吐き出すはめになったが、吐いたら少し落ち着いた。翌日は、青年祭が開かれていた小さな村、チマルテナンゴで過ごした。とても美しい場所で、みんな思い思いの過ごし方をしており、僕らもいつものようにイルダ・ガデア、グリンゴとあるホンジュラス人の女の子とつるんでいた（……中略）。

＊ 共産党派の農民指導者、カルロス・マヌエル・ペジェセール。

月曜日は、目的の日である五月一日に一歩近づいたという以外には、特別なことは何もなかった。紹介の件がうまくいかなかったので、ペニャルベールと一緒に農場へ行き、彼はたいそう誇張した言葉を使って僕をその職に推してくれた。管理者が、いくら稼ぎたいかと訊いてきたので、控えめに週二回で一〇〇ケッツアルを提示した。彼らのほうで、研究所の器具類に一月あたり二五ドル出してもらうという条件つきで。この件の結果を訊くために、土曜日にもう一度行かなくてはならない。

農園での仕事の件は実にあいまいだ。返事は延期された。ティキサテに行ったものの狙いは外れたが、家と食事付きのもっと程度の落ちる仕事なら、いくらか希望が持てそうだ。あとはホルスト夫人の件とアルゼンチン人の件が残っているだけで、明日にははっきりするだろう。

明日ではなくてあさってだった、もちろん今のところ何もはっきりしていないし、近い将来はっきりしそうな気配もない。きっぱり決心を固めてゲレーロに会おうとしたのだが、見つけられなかった。口にするに値するほどのことと言えば、ただ一つ、母さんからの手紙だけで、サラ*の大腸にガンが見つかって手術を受けたが、かなり病状が重いという知らせが書かれていた。

今日は本当にひどいアレルギーが出た。フリア・メヒーアが僕をガルシーア・グラナドスに紹介してくれ、ガルシーアは一二五ドルの給料でペテンに行く仕事をくれると言った。労働組合の承認が必要なので、明日にはもらいに行ってみるつもりだ。実現すればすごくありがたいのだが。明日は、またも裏切られる日になるか、グアテマラ最良の日になるかだ。

僕は楽観的な見方をしている。

もうそれほど期待もしていない。シバハと話したのだが、僕など眼中にないのは明らかだった。労働組合長への働きかけがうまくいったかどうか、明日の四時に最終的な返事をもらえることになっている。また、明日はリリーが兄と話してくれる。おそらく、また振り出しに戻ってしまうだろう。どうなることか。今日はずいぶんと怠けてしまったが、地誌の仕事は進んでいる。

また二日経って、今日は少しだけ希望が湧いている。昨日は何も起こらなかった。シバハはまったくの役立たずなので、今日は自分で労働組合長に会いに行ってきた。自分の地位にしがみついているタイプの男で、反共主義で、策士っぽかったが、僕を助けてくれそうな感じだった。僕は十分に慎重だったとは言えないけど、それほど大きな危険を冒してもいない。水曜には最終的な返事をくれる。

さらに二日、嘆きの日々が追加されたが、収穫も二つあった。昨日は、リリーの有名なお兄さんの古びた家におじゃました。ずいぶん成金ぽかったが、立派な診療室とちょっとした実験室があった。夫人はイタリア人で、彼女のおかげでヨーロッパ旅行熱が高まってしまった。中南米の女性にはない何かが、彼女らにはあるんだ。少々喘息気味で悪化しそうな気配だったが、ロスの丸薬をいくつか飲んだらおさまった。今日あった良いことと言えば、マテ茶が一キロ届いたことと、アルベルトとカリーカからの手紙が届いたこと。手紙にはお金が入りそうだと書いてあって、しばし夢を見させてもらった。イルダの本は少しずつ進行中だが、えらくのろい。明日は寄生虫による病気に

＊ エルネストの母親の妹、サラ・デ・ラ・セルナ。

ついて少し勉強するために、衛生局に行くつもりだ。

さらに二日が経過したが、どう見ても何も起きなかった。けれどもペテン行きに関してはもう完全に受諾されたみたいだ（……中略）。

ペテンのせいで喘息という自分の問題と真正面から対峙することになるが、それは必要なことだと思う。いい手はないけれど克服しなければならないし、自分ではやれると思っている。けれども勝利というのは、勝てるという信念があれば得られるというよりも、僕が生まれ持った資質――自分が持っていると潜在的に思っている以上の資質――から成し遂げられるものなんだという気がしている。キューバ人たちが、隙一つない厳かな調子で、大げさなくらいはっきり言いきったときは、僕などは自分がちっぽけに感じられた。僕だったら、その一〇倍も客観的で常套句を一切使わない演説ができるし、もっと上手く、僕がなにか確かなことを言っているのだと聴衆を納得させることもできるが、自分自身を納得させることはできない。だけどキューバ人たちはそれができる。

ニコ*は魂を込めてマイクに向かった。だからこそ、僕のような疑り深い人間まで熱狂させることができたんだ。

いまや三日も経ってしまったが、何も目新しいことはない。喘息の発作が僕を《ねぐら》に閉じこめていることを除いては。今日は日曜日で、イルダは港に行ったが、僕は行く元気がなかった。仕事に関しては、はっきりとしたことは何も決まっていないが、最終的にはイエスということになるんじゃないだろうか。自分の状態をはっきりさせるためにも、どういうかたちでもいいから、ともかく話が決まって欲しいんだ。金銭面では、熱帯林で数カ月過ごしたところで、借金を返してカメラを一台買えるだろうという程度なのだ。

国に関しては、将来の見通しは暗い。アルベルトに手紙を書こう。喘息は少し治まった。

明日は、もしうんと具合が良くならなければ、ここから動かないつもりだ。仕事の結論は出ていないが、一応は決まっているみたいだし、二日後にもう一度連絡があるので、そこで話が決まるかもしれない。どうなることやら……。

また二日経ち、いろいろなことがあった。仕事の件はまだ流動的だが、職にありつけたという印象を受けている。労働組合長と話をし、契約担当者をせっつくために物品リストを提出するように言われた。

さらに二日経ったが、何もちゃんとは決まっていない。ペテンに行けるという保証は全然ないのだけれど、もうペテンに行くと言ってしまおう。必需品リストを準備しようというところだ。行きたくてうずうずしている。月曜には、たぶんみんな決まっているだろう。明日、ミルナはカナダへ冒険しに旅立つ。

もうミルナは行ってしまった。みんなの打ちひしがれた心を後に残し、彼女自身何を求めているのか分からないまま。だけど深刻なのは、僕自身が旅立てるのかどうかが分からないということなんだ。いつも確信が持てないことばっかりだ……。

また悪いニュース。これは絶対に終わりのない物語なんだ。アンドラーデのばかやろうは会って

＊アントニオ（ニコ）・ロペス。モンカダ兵営を襲撃したメンバーで、「グランマ」号遠征員のひとりだったが、闘争のなかで死亡した。

もくれず、午前中に二回も、僕は「いったいどうすればいいのですか」とお伺いを立てさせられたのだ。不安でどうしたらいいか分からない。

何も起きないままさらに二日。アギラール先生*にすぐに手紙を書こうという、最初の決断はおしゃかになったが、もし今日ノーという返事をもらったり、またもやはぐらかされるようだったら、手紙を書きたいと思う。ガルシーア・グラナドス学士も冷たかった。フリアだけが相手してくれる。

仕事は全然ダメだ。アギラール先生への手紙は、まだポケットの中にある。もうしばらくしたら、アンドラーデのくそ野郎に会えないかやってみるつもりだ。どうせだめだろうけど。このことのせいで、全部のやりとりが止まっているんだぞ。

情熱なんて体調と状況次第で、僕の場合どっちもダメだ。ペテンでの仕事はますます遠ざかっているみたいだ。アギラール先生への手紙はもう投函したが、もちろんまだ返事は来ない。事態は最悪だ。ちくしょう、もうどうしたらいいか分からない。逃げ出してしまいたい気分だ、ベネズエラにでも。

さらに数日が経過。じっさいには何もいいことは起こらないのに、うまい話だけは聞かされるんだ。ティキサテからは知らせすら来ない。ブエノスアイレスからは、サラおばさんが亡くなったという知らせ。ペテンなんて、もうその名前すら聞かない。下宿には、家賃を払えと言われている。グリンゴは新しい下宿の食事が気に入らないと言ってみたり、もし状況が改善されないなら自分のところに来いと言ってみたり。ホルスト夫人は自分のところに引っ越してこいと言う。これが最近の出来事の要約だ。僕は衛生局の実験室で、ティキサテからお呼びがかかるかもしれないと思って実習をしていて、そのほかのことについては様子を見ているところだ。二日後の土曜日には、少なくとも一カ月分の下宿代を払う約束をしたが、どうやって払うのか目処はついていない。

この数日は今後にとってはさして重要でもない新しいことがいくつかあったが、今日は本当に大きな事件があった。土曜日に五センタボすら支払えなかったせいで、下宿で一悶着あった。時計と金のくさりを抵当に入れた。貴重品を質に入れてからティキサテに行ったのだが、たどりついたらどうなるかを予兆するかのように、道中で突然喘息の発作が起きた。アギラール先生もまたそっけなかった。研究員としての仕事はあるが、きちんとした書類を全部そろえられなければだめだということだった。今はそれをやっているところだ。ホルスト夫人は家に来いと言ってくれる。たぶん行くことになるかもしれないが、まだ何もはっきりした返事はしていない……。明日にはばかげたことの繰り返しに終止符を打って苦労に身を投じるんだ。大腸の悪性腫瘍を取り除く手術をして塞栓症になった、おばのサラ・デ・ラ・セルナが亡くなった。好きなおばではなかったが、亡くなったと聞いてショックだった。健康でとても活発な人だったし、そんな死に方とは限りなく縁遠い人だと思っていた。でも、それもひとつの解決だったのかもしれない。病気の後遺症は、彼女にとって残酷なものになっていただろうから。

全く動きのない一日。アヤ・デ・ラ・トーレ（ペルーのアプラ党の指導者）がグアテマラを通りかかった……。グアロからの手紙が届き、やっと太っちょロホにビザがおりたと書いてあった。ベアトリス

＊ファン・アンヘル・ヌニェス・アギラール博士。ホンジュラスの農学者・経済学者。当時グアテマラ生産振興機関の総長を務めていた。

からも手紙が来て、ブエノスアイレスからもう一キロ、マテ茶を送ったと書かれていた。明日は大臣秘書に会って、居住権の件がどうなったか聞いてみるつもりだ。

月日はどんどん経っていくが、もうどうでもいい。たぶん近々、エレニータ・レイバのところに引っ越すかも知れないし、しないかもしれない。どっちにしても事は落ち着くところに落ち着くはずだし、これ以上知恵を絞る気はない。

仕事について。永住権のことでは聖週間が終わるまでは何もやるべきことがなく、公共衛生省の大臣には希望地を挙げなさい、と言われた。大西洋岸のリビングストンに仕事があるのは分かっているので、月曜にはエレニータが、その仕事を申し込んでくれることになっている。イルダは米州機構内での仕事を頼んでみてくれると言っている。この辺のこと全てがどうなるか、様子を見なければならないが、あまり期待はしていない。もう決心はついているし、近日中に中国に手紙を書いて、返事を待ってみるつもりだ。

なにも目新しいことなし。

日曜日には、《子どもの街》があるサン・ホセ・ピヌーラに行った。四〇人の子どもたちが暮らす大型テントが二つあるだけの割には、大げさな名前だが、試みとしては興味深いものがある。管理者はオロスコ・ポサーダス学士で、ちょっといかれているが称賛に値する仕事をやり遂げた人だ。ここは少年院の子どもたちのための街で、良い食事と良い住居、学校教育を与え、耕作のしかたと手仕事を教えている。少年たちは大満足している。僕の仕事の可能性としては、新しいものでは米州機構で働いているイルダからの統計学教授の仕事があるだけで、僕に居住許可が下りるよう、ヌニェス・アギラールが外務省に口を利いてくれる約束になっている。

教授職の話は口先だけのことだった、何の話もない……。サン・フアン・サカテペケスからの帰り道で、キリスト像を背負いろうそくを持ち、身の毛もよだつような顔つきをした、頭巾の集団の行列に出くわした。その脇を通ったのだが、槍を持ったグループが陰険な目つきで僕らのことを見ながら通り過ぎたときは、心底いやな気持ちになった一瞬だった。

グアテマラにはジープで戻らなければならなかったが、八人合わせて五ドルとられた。その翌日である今日は、書き物をし、ホルスト家で食事をとり、カナスタ（カードゲームの一種）をして遊び、グリンゴの持っている、全部英語だが大変興味深い本を見せてもらったりして過ごした。僕の英語力はというと、とてもそんな分厚い本に首を突っ込むレベルにはなっていないけれど、雑誌なら何冊か持っていて、その中にはパブロフの神経系に関する生理学のものもある。

こんなだらけきった生活スタイルを変えてくれるようなことは何も起きないまま、数日が経った……。グリンゴのおごりで、リムスキー・コルサコフを扱ったロシア映画を観に行った。音楽がとても良くて、感動的な歌声をもつ女性も出てきたが、筋立ては相変わらず退屈で緩慢で、俳優たちの役作りもいまひとつだった。主人公だけはとても自然に演じていたが。

僕の居住権については、今のところはっきりしないまま。ヌニェス・アギラールが動いて頼んでくれているが、うまくいくかどうかは分からない。さて、どうなるかな。

ヌニェス・アギラールが動いたり頼んだりしてくれていると言っても、たいしてやってくれているわけじゃないし、僕のほうでも大きな期待はしていない。それ以外のことはなにもかもこれまで通りだ。ただ、中国に行こうと思っている、とイルダが教えてくれたのだが、それがたまたま一年か二年ぐらいの滞在になるんだそうだ。僕は彼女に、よく考えたほうがいいとアドバイスした。明らかにアプラ党から追いだされようとしているからだ。僕は食事療法を続けている。母さんから、サラが母さんに遺言で二五万ペソ遺してくれたという手紙が届いた。これで彼女の生活はだいぶ楽になるだろう。

何の動きもない数日間だった。これからどうなるのかは分からないが、ただ一つはっきりしているのは、僕は生きていて、完全に時間を無駄にしているのではないということだ。ブエノスアイレスからはさらに一キロのマテが届いた。そうとも、今は母さんにお金があるから、状況は変わったんだ。居住権の問題がどうなっていくか分からないが、たぶんこのままだろう。明日はヌニェス・アギラールに電話して、このあたりのことがみなどうなったか訊いてみるつもりだ。

グアテマラに何も付け足すものがない日々がさらに数日。居住権については、煩わしいときもあれば、手に入りそうなときもある。モルガンは結局役立たずだった。グリンゴと一緒に、文部省のバスでチマルテナンゴに行った。ある学校に、ペドロ・モリーナという名前が付けられていた。グアテマラの名士の名前だ。エデルベルトさんは何かとてもうまいことを言ったが、話をしたSTEG（グアテマラ教育労働組合）の人はくだらない政治話の常套句を繰り返すばかりだった。

決心がついた。揺るぎない、英雄的な決断だ。もし居住権の話に決着が付かなければ、一五日後にはあっちに移動してやる。いちかばちかで、そうしてみるつもりなんだ。もう下宿には話したし、エルネスト・ウェイナタネールに託す箱に安全に保管して、それぞれのものをふさわしい場所においていくのだ。それ以外には、書くほどのことはほとんどない。ソフォクレスの『エレクトラ』の公演を観たが、ろくな代物じゃなかった。アルベルトがベネズエラから一キロのアドレナリンを送ってよこし、ベネズエラに来てくれと頼んでいるというか、来たほうがいいぞと勧めている手紙も届いた。あんまり行きたくない。

　アルベルトがベネズエラからたくさんいい薬を送ってくれたので、それだけで十分気持ちを盛り上げることができたのだが、その上にやっと警察から呼び出しがあって、外務省でディエン・ビエン・フーの闘い（一九五四年五月、ベトナム民主共和国軍はこの闘いでフランス植民地軍を敗退させた）よりひどい包囲に耐え抜いた末、これで居住権を手に入れる第一歩を踏み出したことになる。ディエン・ビエン・フー陥落は、アジアが植民地主義者から解放されるのだという確信を強めることになった出来事だ。

　生活は全く同じ状態なので、わざわざ書くほどのことはほとんど何もない。ここは、土曜日まで支払いを済ませてあるので、金曜日までには出ていく準備をすっかり終わらせておくため、月曜からカルディオロピーナとアルネールの仕事を始めるつもりだ。だけど、土曜日までに用事が全部片づくとは思えないので、ケツァルテナンゴに行ってできるだけ長く過ごし、用件が早く済むようにその後一日だけ戻ってきて、また冒険の旅に出るつもりだ。さて、どうなるだろうか（しばらく使ってなかった決まり文句だ）。

　どこかへ向けて出発する日が近づいてくる。出ていくことを派手に知らせて、すでに背水の陣をしいてある。まだリリーが来てもいいと言ってくれるなら、ケツァルテナンゴに行く（……中略）。湖に行かない場合は、どこかの火山にでも登ってみる。それがみんなだめなら、キリグア地方に行く。できればグリンゴのカメラを借りて。居住権のことは完全に行き詰まっていて、いつ下りるかもわからないし、どうでもいい。すでにフリア・メヒーアスがスーツケースを貸してくれた。本を詰めて彼女のところに送り、保管してもらうためだ。エレニータからはもう電話がかかってこないので、頼れるところが他になくなってしまったため、衣類はグリンゴのところにおいて行くつもりだ。行政が学位認定を急ぐというようなニュースが流れ、一五日以内にやってくれるらしく、それが本当ならありがたいことで、居住権がもらえるのだ。ブエノスアイレスからは、マテを四キロ船便で送るという知らせがあり、二カ月ぐらいかかるそうだが、大したことはない、しかも、『グラフィコ』紙が届くんだから。それ以外の事に関しては、何も新しいことはない。

いろいろなことがあった。家族みんなに悲しまれながら、予告通りの日に下宿を出た。その日のうちに、イルダとサン・フアン・サカテペケスに行った(……中略)。そこで、一晩中激しい雨を我慢しながら眠った。ザックは雨ざらしにしておくわけにいかないので、中に置いて。出発のときには喘息が出ていたが、戻るころにはほとんど良くなっていた。戻ると同時に、外務省での居住権の問題に決着がついた。国を出て行けということだった。ただしソチンソンが二〇ドル用立ててくれて、いろいろなところに数日間泊めてもらってから、エルサルバドルに行った。最初は国境で面倒が起きたが、金で解決でき、サンタアナでグアテマラに六カ月滞在できるビザを発行してもらい、どうやらこの面でのやっかいごとはいくらか解決したみたいだ。

エルサルバドルで会ったひとりのメキシコ人は、なんだか知らないが出国の書類に不備があって足止めをくらい、サンサルバドルまで戻らなければならなかったのだが、僕は彼に国境のところで出会った。僕らはすっかり意気投合し、メキシコに行ったときのために、と住所をくれた。ホンジュラスのビザを頼んで、土曜の夜にはおりることになっていたのだが、港に行かないまま金・土・日と経ってしまったので、ビザがどうなったのか全然分からない。サンサルバドルでは、エルシリアの友だちの医者に電話した。ゲバラ夫人と言ってもエルシリアのことだと分からず、エルナンデスの姓を出したらようやく通じたのだが、明日の月曜日に彼をちょっと訪ねて、その後ビザが出るかどうかによって、ホンジュラスかグアテマラに出発するつもりだ。港での滞在はすごく快適だったけど日焼けしすぎてしまい、日差しのなかに出ていくのは命とりだったから、しまいには泳ぐこともままならなくなってしまった。

食事制限を放り出してしまったら、もう影響が出始めている。僕の次の針路は明日決まる。サンサルバドルでの一日、退屈とは言わないが失望の一日、空腹でごまかされた不安、あるいはたぶん不安でごまかされた空腹。ホンジュラスからの知らせはなく、ドルの蓄えも底をついてしまうので、明日までだけ待つことに。モレーノ夫妻と知り合った。とても親切で気さくな人たちなのに、食事には招いてくれなかった。来週米国に行くそうなので、明日、エルシリア宛の手紙を渡すことにする。一日中エルサルバドル史を読んで過ごしたが、明日には読み終わるつもりで、明日は博物館にも行く予定だ。食事制限は投げ出してしまった、どういうことになるだろう。

モレーノ夫妻にエルシリア宛の手紙を渡しに行ったら、食事をご馳走してもらえた。量は多くなかったが、飢えをしのぐには十分だった。すぐにサンタアナ行きの小型バスに乗り、サンタアナからチャルチュアパに向かい、タスマルの遺跡に行ったのだが、一般公開はされていなかったので、街灯の下で野営をする作戦に出て本を読み始めた。じきにあるご婦人がひっかかり、お湯を使わせてくれて、寝るためのハンモックも貸してくれた。グアテマラのことを話しているときに、またもやへまをやらかして、あっちはエルサルバドルよりも民主的だ、と言ってしまったのだが、なんとその家の亭主は国軍の司令官だった。

タスマルの遺跡は、数キロメートルにもおよぶ巨大な建造物群の一部分で、建物のかたちをとどめているのはいくつかの神殿だけだ。マヤ文明と、ピピル人から出た征服者トラスカテルカ人の文化が折衷した遺跡がある。主たる建造物は正方形の巨大なピラミッドで、おそらく小廟が上に載っていた。今はもうなくなってしまっているが。階段状に建設されており、石と泥でできていて、現在のセメントとよく似た粘土の混合物でそれを覆っていた。建造物群は、インカの建造物のような威厳は備えていない。装飾品としては、ぽつぽつと残った絵が二つ三つあるだけで、風雨のために消えてなくなってしまっており、住民がだれだったのか、はっきりした判断はできなくなっている。

建造物全体は土に覆われていて、木の茂った小さな丘のようになっており、長年の間見過ごされてきた。ボシュという米国の考古学者が一九四二年に始めた発掘作業は、エルサルバドル政府がしみったれた予算しか配分しないにもかかわらず、今日まで続けられていて、大変うまくいっている。建築様式は同心状だったらしく、ひとつの神殿はそれよりも大きな外側の神殿に覆われているという格好だ。各時代の長さは今のところ分かっていないが、マヤ暦でいう五二年ぐらいになりそうだ。同心状の層が一三あって、終わりのほうはピラミッドだけではなく、球戯場やほぼ正方形の劇場まで備えている。いかにもマヤらしい巨大なピラミッドの脇には、ピピル（エルサルバドルの先住民族名）らしい特徴をすべて兼ね備えたうんと小さなピラミッドがひとつあり、ずっとずっと小さいのに、大ピラミッドを圧倒している。こちらもおそらく上部には神殿があったのだろうが、その跡形もない。大ピラミッド、最後のほうの幾層かは、雨ざらしのまま風雨にいくらか耐えてきたものの、最も傷みが激しく、ほとんど完全に損なわれてしまったものもある。出国許可をもらってくるのを忘れていたので、係員に僕の住所を渡し、ヒッチハイクでサンサルバドルまで行った。許可をもらうとすぐ、サンタテチャまで小型トラックに乗っていき、そこからはヒッチハイクで、夕暮れ時にはサンタアナにたどり着いて、国境に続く街道の出口で眠った。

早朝から歩いていったのだが、すぐに一台のジープに拾ってもらい、その後は別の車が国境まで、そしてプログレソまで乗せてくれた。プログレソからは、約二〇キロの道のりを歩いたあと、トラックに拾ってもらい、ハラパの先まで乗せてもらった。この地域はとても美しく、徐々に上り勾配で、一面に緑色の松が生えており、ほとんど低い雲に覆われている。これまでグアテマラでは見たことのなかったような種類の、特別な趣がある。もっとも、僕自身がこれまでに同じような状況に置かれたことがなかっただけかもしれないが。すっかり疲れ切って、徒歩で下り始めた。リュックが鉛みたいに感じられ、書類ケースで指が傷だらけになっていたので、夜になるとすぐ、最初に見えた家に飛び込んで、一夜の宿を請うた。そこで、この旅最大の取引をした。いい懐中電灯をゴミ同然の懐中電灯と取り替えられてしまったのだが、間抜けにも僕が自分で取り替えたのだ。

嫌々ながら下に向けて出発したのだが、肩と足の具合のせいですっかり動けなくなってしまった。一台のトラックに乗せてもらうと、かなりの料金を取られた。ハラパの駅まで〇・四〇。ハラパの駅からはプログレソまで電車に乗った。プログレソでは、ひとりの女性が僕のことを気の毒がって、一〇・二五くれた。徒歩で出発したが、ここらで使われている単位の一レグア（四キロメートル）も行かないうちにジープが一台通りかかり、ランチートまで乗せてくれた。ランチートには、一〇〇メートルの川幅をもつモタグア川が流れていて、この高度ではまだ激流という感じだ。そこで水浴びと洗濯をし、もう少し保たせるために、足に紙を巻き付けて補強した。それからさらに五キロほど歩いて、橋のかかっていない深めの川までたどり着いた。道路作業員を乗せたトラックにウスマトランまで乗せてもらい、そこで一泊した。ここでは僕のする話はどれも大ウケで、いろいろなバージョンに合わせて一人で何役もこなした。大西洋までの道路はかなり先まで延びていて、通れるようにするにはあとは橋を架けるだけだった。この時期は河川が増水しており、いつも歩いて渡れるという訳ではなかったからだ。

翌日は朝早く出発したが、太陽が照りつける中を一三キロほども歩くとギブアップしてしまい、ある駅*までトラックに乗せていってもらった。そこからはキリグアーまで電車に乗り、さっそく、駅からちょうど二マイルのところにある遺跡を見に行った。遺跡はそれほどたいしたものではなくて、獣形神観を表す石柱や石碑がいくつかと、重要度の低いインカの遺跡を思わせる、多角形の石でできた建造物があるぐらいだ。この手の建造物においてマヤ人は、インカ人の洗練された品質の足元にも及ばないのだが、ある程度類似性は認められる。石灰岩の彫り物に関しては、インカ人よりも明らかに優れていると言え、アジアのヒンドスタン文明を大いに彷彿とさせる、実に魅惑的なかたちに仕上がっている。とりわけ、東洋風の胴着のようなものを身につけ、仏陀のように足を組んだ、丸顔の人物像を彫った石柱がある。別の石柱にも似たような特徴の顔がついているが、こちらはホーチミンみたいな髭を生やし、とがった顎をしている。獣形神観を表す石碑のうちのひとつは、米州の土着彫刻の最高峰と考えられている、ありとあらゆる種類の彫刻や浅浮き彫りがほどこされている、と説明プレートにある。しかしモーリーは、僕の目から見ればそれよりずっと優れた彫刻の写真を持っている。とにかく静かで、大きな樹が立ち並び、非常に精巧で繊細なヒエログリフのせいで一般の人びとには難解な、あの石柱をいままた覆いつくそうとしている芝生、こういった景色はこの上なく魅惑的だ。説明プレートや、ひとつひとつの碑を囲っている手すりがなかったら、コミックの英雄ブリック・ブラッドフォードのタイムマシーンにでも乗ってしまったかのような感じだった。いろいろ重宝しているカバンを蚊よけにして、駅の床で寝た。

午前中に、ディアス博士に会いに行った。反動的な先住民だが、病院で食事をおごってくれ、これは僕にとっては何よりの好意だった。食堂のボーイは、このあたり一帯の写真家でもあり、一緒に遺跡に行ってくれて、写真を六枚撮ってくれたが、フィルム代しか請求してこないし、さらにもう何枚かの写真をプレゼントしてくれた。どっちにしても、帰りの分にはどうにか足りていたものの、僕の懐具合もかなり苦しくなってきていた。けれども、男らしく《ア・ロ・マッチョ》プエルト・バリオスまで足をのばそうと決心した。ところが、崖崩れのために電車が遅れて、一二時半を過ぎてようやくプエルト・バリオスに到着し、駅で眠った。

＊ 読み取り不能。

翌日は、仕事探しという厄介な問題が持ち上がった。大西洋道路の工事の仕事を手に入れたのだが。夕方六時から翌朝の六時まで、ぶっ通し一二時間の仕事で、僕よりよっぽど鍛えたやつでも、相当こたえる内容だ。朝の五時半頃には、ほとんど機械的に動いているだけというか、《ボーロ》みたいになっていた。ここらでは酔っぱらいのことを《ボーロ》というんだ。

二日目も働いた。ますます仕事がいやになっていて、危機的な日だったが、どうにかまる一日働いた。これで続けられそうだと思っていたら、親方のうちのひとりが、鉄道パスを手に入れてやろうと言ってくれた。この仕事は、仕事を終えて数日後にしか支払ってもらえないので、ありがたい申し出だった。仕事のほうも前より気楽になったし、やたらめったら刺しまくる蚊さえいなければ、それに手袋がないせいで手のひらが傷だらけになってしまうことさえなければ、そこそこの仕事だったろうに。午前中はいつも、靴下とシャツをさっと洗濯してから、海辺の《住みか》でうとうと寝て過ごした。頭のてっぺんからつま先まで埃とアスファルトまみれで、すっかり立派なチャンチョ《ブタ》になったが、心の底から満足しているんだ。切符も手に入れたし、つけで食事をさせてもらっていた店のおかみは、グアテマラにいる息子に一ドル払ってくれればいい、と言ってくれたし、どんな困難にぶつかったって、またその上に喘息の発作が起きたって、耐え抜くことができると自覚が持てたし。

今、僕は電車に乗っていて、半分頭のはげ上がった親方がくれることになっている一ドルを元手に、ご馳走をほおばっているところだ。

いろいろあったようでなかったような、数日が過ぎた。ある衛生医の助手として働ける確約があるのだ。例の一ドルは返した。もう一度オブドゥリオ・バルテに会いに行った。このパラグアイ人は僕の素行が気に入らないといって徹底的にけなし、僕のことをアルゼンチン大使館の課報部員じゃないかと疑っていたと打ち明け、おまけにその課報部員説とかと同じような線で僕は広く疑われていて、ホンジュラス人指導者のベントゥラ・ラモスがその説を否定している、というところまで分かった。ホルスト夫人がらみのごたごたがまだ続いていたので、一日一回だけこそこそと外出し、キューバ人のニコのところに泊めてもらっている。一日中笑い転げているが、無為に過ごしている。ニコは月曜には行ってしまうので、コカというグアテマラ人の友だちのところに移動するつもりだ。ニコと同じ部屋にはタンゴ歌手の別のキューバ人も寝泊まりしていて、南方をベネズエラまで一緒に歩いて行かないかと誘われた。仕事の確約がなかったなら、行ってしまうところだ。居住権も下りるという話だし、ソチンソンが今は移民局の長官におさまったし（……中略）。

またまた、何も新しいことがないまま、日にちが過ぎている。ニコがメキシコに行ってしまったので、あのキューバ人歌手と一緒に下宿にいる。仕事には一日行って、その後もう一日、その後は全然。こんどは一週間待機するように言われたのだが、どうしたらいいのかがよく分からない。僕とは関係のない仕事で、同僚たちは手一杯の状態が続いているとでも言うのだろうか。ブエノスアイレスからは、ほとんど知らせがない。エレニータはどこへやら出発してしまうし、僕のアルバイトも終わってしまうのだが、食事を出してくれるおばさんの家に連れていってくれることになっているし、大臣にも電話で話してくれるんだ。最近食べたもののせいで、かなりひどい喘息の発作に襲われている。きっちりした食事制限を三日もすれば、治まってくれるはずだ。

最近の出来事は歴史に残るもので、日記を書き始めてから初めてのことだと思う。数日前、ホンジュラスから飛んできた飛行機がグアテマラとの国境を越え、首都上空を通りながら、人間や軍事目標を機銃掃射していった。僕は医療面で協力しようと衛生班に登録し、また夜警をおこなう青年団にも登録した。ことの次第はこうだった。これらの飛行機が飛び去ったあと、ホンジュラスに亡命したグアテマラ人、カスティーリョ・アルマス大佐率いる軍隊が国境を越え、チキムラ市へ侵攻した。すでにホンジュラスに対して抗議済みだったグアテマラ政府は、抵抗もせず侵入させ、この事件を国連に訴えた。

米国の忠実な手先であるコロンビアとブラジルは、事件を米州機構で審議することを提案したが、ソ連は停戦命令に賛成してこの提案を拒絶した。侵略者たちは、飛行機から武器をばらまいて大衆を蜂起させるという作戦には失敗したが、バナナ会社の住民を捕虜にして、プエルト・バリオスの鉄道を封鎖した。傭兵たちの目的は明白だった。プエルト・バリオスを占拠し、あらゆる種類の武器と、今後到着する傭兵軍の入り口として使おうというのだ。このことは、《シエスタ・デ《トルヒージョの》・トルヒージョ《昼寝》》という名前の型帆船《スクーナー》が、この港で武器を積み下ろそうとしているところを捕らえられたことで分かった。最後の攻撃は失敗に終わったが、沿岸の住宅街では、暴漢たちはSETUFCO（ユナイテッド・フルーツ社の社員及び労働者の組合）の組合員を殺害するという、実に残虐な行為を行った。墓地で、組合員たちの胸元に手榴弾を投げつけたのだ。

侵略者たちは、自分たちが一声号令をかけさえすれば、人びとが後をついてくるだろうと思いこんでいて、だからこそパラシュートで武器をばらまいたのだが、人びとのほうはアルベンスの指揮のもと、直ちに部隊を組んだのだった。侵略軍はどの前線でも包囲されうち負かされて、ホンジュラス国境付近のチキムラの外まで押し出されてしまったが、その一方で侵略軍の飛行機は、前線や都市を機銃掃射し続けた。これらの飛行機は、例外なくホンジュラスかニカラグアの基地から飛来していた。チキムラは強烈な爆撃を受け、グアテマラ市にも爆弾が投下されて、数人が負傷し三歳の幼児が殺された。

僕自身はこんな風に過ごしてきた。まず、《連帯》の青年団に顔を出し、数日間そこに集結していたら、公共衛生省に教職員保健協会へ派遣され、今はそこに宿営している。僕は前線に行くことを志願したのだが、まったく相手にしてもらえなかった。今日、六月二六日土曜日、僕がイルダに会いに行って留守にしているあいだに、大臣がやってきた。前線に送ってくれるよう頼もうと思っていたので、ものすごく腹が立った（……中略）。

グアテマラを愛する人びと全員にとって、とてもひどい悲しい出来事が起きた。六月二八日の日曜日の夜、アルベンス大統領が辞任するという、突拍子もないことを表明したのだ。一般市民に対する爆撃と機銃掃射の直接の犯人は、ユナイテッド・フルーツ社と米国であると訴えた。

一隻のイギリスの商船が爆撃を受けて、サンホセの港に沈んだが、爆撃は続いている。そのときアルベンスは、カルロス・エンリケ・ディアス大佐を次期大統領にするという決断を発表した。大統領は、一〇月革命を生き延びさせたいという願いを込めて、また米国人がグアテマラを占領してしまうのを防ぎたいという思いを込めて、そうするのだと言った。ディアス大佐は演説の中では何も言わなかった。ＰＤＲとＰＲＧの二政党はそれぞれ賛意を表明し、党員に対して、新しい政府に

たのだが、今はどうしたらいいのか分からない。今日はどうなるのだろうか。

に不満を覚えながら眠った。公衆衛生省の大臣と話して、前線に送ってくれともう一度頼んであっ

協力するよう呼びかけた。あと二つの政党、ＰＲＮとＰＧＴ*は口をつぐんだ。僕はこうした出来事

僕個人にとってはたいして重要な意味を持たないことばかりだが、この二日間は濃密な政治事件が続いている。アルベンスが米国の軍事行動の圧力に負けて辞任したこと。大規模な爆撃と、米国の参戦を引き起こすと考えられるホンジュラス・ニカラグア両国からの宣戦布告という手で、脅しをかけてきたのだ。アルベンスが見越していなかったのはおそらく、その後の出来事だ。最初の日に、自他共に認める反共主義者のサンチェス大佐とフェホ・モンソン大佐がディアスに加わり、ＰＧＴを違法とする布告がまず行われたのだ。すぐに労働党員狩りが始まり、各国大使館は避難民でいっぱいになった。しかし翌日の早朝に最悪なことが起きた。ディアスとサンチェスが辞職し、モンソンが部下の陸軍中佐二人とともに政府のトップに残ったのだ。世論によれば、彼らは完全にカスティーリョ・アルマスのいいなりで、禁じられている性能を持つ武器を所持しているのが見つかった者全員に対して、戒厳令が発令された。それから僕個人の状況としてはこんな感じだ。僕はまたまた《ボルシェヴィキ》呼ばわりされているので、たぶん明日にでも、今いる小さな病院から追いだされるだろう。そのあと弾圧が始まるんだ。ベントゥラとアマドールは避難したが、Ｈは自宅に残り、イルダは住居を変え、ヌニェスは自宅にいる。グアテマラ労働党幹部たちは避難した。噂では、カスティーリョは明日グアテマラ入りする。僕はすてきな手紙を受け取ったので、孫たちのためにここにしまっておくことにする。

以前ほど激しい勢いでものごとが進まないまま、数日が過ぎた。カスティーリョ・アルマスは、完全勝利を手にした。フェホ・モンソンを議長とし、カスティーリョ・アルマス、クルス、デュボワ、それにメンドーサ大佐によって評議会が固まった。一五日後には評議会内で選挙が行われ、誰がリーダーとなるのかを決定する。もちろん、カスティーリョ・アルマスに決まるのだが。議会も憲法もありゃしない。サラマーの判事、ラミーロ・レジェス・フローレスが銃撃され、彼の死後、説得に当たった警備兵が死んだ。気の毒なのは、共産主義者のレッテルを貼られて投獄されたエデルベルト・トーレスだ。このかわいそうな老人を、一体どんな運命が待ち受けているのだろう。今日、七月三日、《解放者》カスティーリョ・アルマスが首都入りし、人びとは大きな拍手でもって迎えた。僕は、それぞれチリとブラジルに避難した二人のエルサルバドル人女性がいた家に、自分の夫の悪行やら、その他のずいぶんとおもしろい話を聞かせてくれる老女と一緒に住んでいる。あの小さな病院からほっぽりだされて、今はここに落ち着いた……。

避難民たちの状況は同じだ。新しいことは過ぎ去って、すべてが落ち着きを取り戻した。エレニータは今日飛行機で発っていった。ドイツ人はますます僕を敵視するようになった。彼のところには、荷物や本を引き取りに一回だけ行くことにしよう。

いくらか重要なことが起きた。政治的次元でのことではない。何しろ、ただ一つ重要な出来事といえば、読み書きできない人には投票権が認められなかったということぐらいだ。成人の六五パー

＊グアテマラ労働党

セントが読み書きできないという国では、それは投票権を三五パーセントの人に限定するということだ。その三五パーセントのうち、体制側につく者が一五パーセントぐらいいるだろう。たぶん《人民に選ばれた候補者》であるカルロス・カスティーリョ・アルマスが当選するのに、これならそんなに大がかりな不正を行う必要もないだろう。大問題なのは、僕が住んでいた家から追いだされることになったことだ。避難した女性たちのもうひとりの妹、ジョランダがここにやってきていて、姉妹たちを連れてサンサルバドルに帰るために、家を引き上げることになったのだ。エレニータのおばさんの家に泊めてもらえないかどうか、確認してみよう。

もう僕は新しい家にいる。いつものごとく、アルゼンチン大使館に通い詰めていたのだが、今日なにもかもが終わった。けれども、今日は七月九日だったので、午後は中に入れてもらうことができた。新任のトーレス・ヒスペナ大使がいるが、コルドバ出身で学者気取りの小男だ。いろいろなものを食べたが、量は少な目にした。かなり具合が悪いからだ。大使館内で、おもしろいひとたちと知り合いになった。そのひとりが、農地改革についての本を書いたアギレス、もうひとりは、エルサルバドルの小児科医でコスタリカのロメロの友だちでもある、ディアス博士だ。

大使館で食べたもののせいで、喘息がひどくなってしまった。そのほかのことでは、大きな変化はなかった。母親から手紙と写真を、セリアとティタ・インファンテからは手紙を受け取った。

チェチェ*はもういまごろは避難したはずだ。六時半には大使館で落ち合うことになっているから。僕の計画はとても流動的だが、いちばん可能性が高いのはメキシコに行くことだ。もっとも、運だめしにベリーズに行ってみる、というのも可能性のうちに入っているが。

ベリーズは遠い。遠いのか近いのか、よく分からない。脇からのちょっとしたプレッシャーで針路が完全に変わってしまうような、そんな状況にいるからだ。もし、何もかもうまくいけば、もうしばらくで手厚い庇護を受けて領事館にいるだろう。もう申請してあるし、庇護を認めてもらえたからだ。あの辺りをうろうろしていたある日、用事は片づいていたのでそろそろイルダのところに行こうかと考えていた頃、イルダが住んでいた下宿の女主人の妹に出くわして、解放軍の警備兵がやってきて女主人とイルダを連れ去った、と教えてくれた。女主人はすぐに釈放されたが、イルダはいまだに刑務所だ。僕は数日間ぶらぶらしていたが、とうとう避難して、同輩たち、特にチェチェと一緒に、ここで快適な暮らしを謳歌している。

避難生活に入って数日が経った。イルダはどうやら出所したらしい。彼女がハンストを行って、大臣が釈放することを約束した、と二日前の新聞に載っていたからだ。避難生活は、退屈とは言えないが、無気力な生活ではある。人が多すぎて、やりたいことに集中できないのだ。喘息の調子が悪く、メキシコ行きのビザのせいで問題が持ち上がるので、もう投げ出したくなっている。イルダはここへやってこない。僕がどこにいるか知らないのか、面会できることを知らないのか、それとも来ることができないのか。もし大きな危険がなさそうなら、ここを出て、ゆっくりアティトラン湖に行くつもりだ。政治的には何も起きていない。ただ、農地改革に関する政令九〇〇号が、違憲であると訴えられたぐらいだ。

＊ ホセ・マヌエル・ベガ・スアレス。グアテマラに亡命中のキューバ人。

かなり無意味な状況のまま、さらに数日が過ぎた。避難している人たちはみんな、相当にいい人たちばかりだが、なかでも特におもしろいのがペジェセールだ。今は特別の、というかそこそこに特別の自分用の食事をとれているし、毎朝日光浴もできるので、ここを急いで出ていこうとは全然思わない。イルダのことは全く何も分からないでいる。彼女に言づてをしたのだが、何の返事もないし、伝わったのかどうかも分からない。政治情勢は変化なし。ただ、迫害のやり方が増えただけだ。アルベンスの大統領辞任が生んだ結果について、ペジェセールと議論を交わした。彼自身、状況が一番好ましいところに落ち着いたのかどうか、はっきりとは考えがまとまっていないようだ。僕は、これが一番いい結末とは思っていない。

幽閉の日々がさらに数日経過した。どんなだったかといえば、どうしようもなく退屈で、ひどくも軽くもない喘息の発作があり、スプレーが二本破裂し、エレニータの家にいた人びとの捜索があった。彼女がグアテマラに戻っていたとは驚きだった。意味のない議論をしたり、どうでもいいような時間のつぶし方をしながら、単調で不摂生な生活を送っている。

月曜日は、明け方からずっと砲撃が続いていた。いったい何が起きているのか、想像もできなかったが、徐々に噂が流れ始め、それをつなぎ合わせていくとようやく事態がつかめてきた。前日の行進は正規軍と解放軍によるもので、正規軍の面目を失わせるのにこの行進が一役かうことになった。その後、数人の士官候補生たちが解放軍の兵士たちに侮辱され、解放軍が火薬筒に火をつけたのだ。最初のうちは単に、士官候補生が解放軍に反抗する動きでしかなかったものが、その日のうちに軍全体が、活力の面で勝っているわけでもない士官候補生側に付き従ってしまったのだ。その結果、士官候補生側が解放軍を屈服させ、手を高く掲げながら街中を行進したのだった。そのころには軍が完全に状況をコントロールしており、クーデターの試みもあるにはあったが、軍人たちは相変わらず煮え切らない態度をとった。翌日、まとまりのない演説の中で、カスティーリョ・アルマスが国民に向かってモンソンをやじる《愚論》を吐いたが、見たところすでに彼の勝ち戦のようだった。新たに空軍基地も、彼に屈服していたからだ。反動的な動きに支えられて、カスティーリョ・アルマスは軍人数名を逮捕し、再び大声で反共をわめき始めた。カスティーリョ・アルマスが力を維持しているのは、米国の手助けと軍人たちの不安定さや決断力のなさのおかげ、という印象だ。通行許可証については新しいことは何も分かっていないし、僕の名前は避難民名簿に載っていない。

大使館にいても画期的な出来事と呼べるような事が何も起きないまま、数日が過ぎた。カスティーリョ・アルマス政権は、完全に基盤を固めた。数名の軍人を逮捕し、それでおしまいだった。大使館で一緒に寝泊まりしている人物たちとの共同生活から、一人一人について簡単に分析してみる。最初は、カルロス・マヌエル・ペジェセールだ。調べた限りでは、ウビコ政権時代に理工科の学生をしており、起訴されて退学した。メキシコに渡り、その後イギリスやヨーロッパのグアテマラ大使館で勤務していたが、すでに共産主義者だった。ここでは、アルベンス失脚時には国会議員であり、農民指導者だった。聡明な人で、見たところ勇敢そうだ。避難民仲間のあいだで大きな影響力があるが、その影響力が彼自身の人間性のたまものなのか、それとも党の最高指導者だからなのか、その辺は分からない。いつも両足をきっちりそろえて、気をつけの姿勢で立っている。過去に散文の本をいくつか出したが、その界隈ではこういう本を作る病気が大流行しているんだ。マルクス主義についての知識は、僕がいままで知り合ったほかの人たちほど確固としたものではなく、ある程度傲慢に振る舞うことで、それをごまかしているようなところがある。僕から見ると、誠実ではあるが過激な人物で、一度つまづいたら自分の信念をかなぐり捨てかねないものの、いざというときには最も大きな犠牲を払うことのできるタイプ、という印象だ。彼と何度か話したときに、農地問題については完璧に精通しているということが分かった。

続くもう一日、今週中には出るという一二〇人分の通行許可証が、遠くに光り輝いて見える。僕にとってはそんなことはどうでもいいのだが、外がどうなっているのか知るために呼びにやった、イルダの到着を待っているところだ。今日の分析は、マリオ・デ・アルマス、キューバ人だ。チバスが設立したオルトドクソ党の党員で、反共産主義ではない。素朴な青年で、キューバでは鉄道員をしていたが、失敗に終わったモンカダ兵営の襲撃（一九五三年七月二六日、フィデル・カストロらが政府軍兵舎を襲撃した。いったん逮捕され裁判も受けていたカストロらは恩赦で出獄し、メキシコに亡命していた）に加わり、グアテマラ大使館に庇護を求めて、そこからここに来た。政治的な知識は全くなく、ちょっとうっかり者のキューバ人青年なのだが、とてもいい人だし、誠実な人だというのが見て分かる。

先日やっと、外国人に通行許可証が下りるという知らせがあったので、大変などんちゃん騒ぎになった。またチェスのコンクールが始まって、僕は最初の二試合は勝った。そのうち一試合は四強のひとりに勝ったんだ。四強のなかには僕も入っている。普通ぐらいのレベルのプレーヤーが、僕が一番恐れていたプレーヤーに勝ったので、比較的用心すべき二プレーヤーとして僕ら二人が残ることになったが、勝算は大きい。

今日のひとりは、ホセ・マヌエル・ベガ・スアレス、別名チェチェ。キューバ人で、石ころ並に無能で、アンダルシア人並のうそつきだ。キューバでどんな生活をしていたのか、はっきりしたことは何も知らない。ただ、《じゃまもの》と呼ばれる部類の人間だったそうで、バティスタの警官隊にひどいリンチを加えられて、線路の上に捨てられたという噂だ。前は反共主義者だった。ここでは、悪意のない大げさな話をしては、面白がっている。大きな子どもみたいで、自分勝手で礼儀を知らず、みんなが自分のわがままにつき合ってくれるべきだと思いこんでいる。鵜《ビグアー*》みたいによく食べる。

ようやく通行許可証が渡されるという通達があり、例の二人のキューバ人と、別のニカラグア人技術者、サントス・ベナタレスがもらえることになった。ベナタレスは米国で技術訓練を受けた人で、彼について僕が知っていることといえば、亡命中のニカラグア人たちをまとめる幹部のひとりだということだ。ニカラグア人のフェルナンド・ラフエンテが逮捕された直後、彼はラフエンテが一介のニカラグア人技術者だと身元証明できると言い、米国で技術訓練を受けたのかと聞かれて、そうだと答えたら、それ以上の取り調べもなしに刑務所に放り込まれた。アルベンスが失脚すると釈放されたが、すでにスパイだという噂が広まっていた。僕は軽率な噂だと思うが。聡明な人物だという感じがするし、ある程度マルクス主義者で、国際情勢に関しては完璧な知識を持っている。

＊ラプラタ川に生息する水鳥。

懐疑主義者だが、闘士ではない。のらりくらりとした態度をとっているが、あれこれと分析しすぎているせいだろう。いい仲間だし、良い技術者らしく神経質で、少し鬱陶しいところもある。彼の分析好きは極端で、どうでもいいようなことまで分析したがるからだ。余剰価値に関する彼の分析はおもしろかった。僕もこの点について勉強しなければ。

何もかも、腹が立つくらいごたごたしている。一体全体、どうやってここを出ていけばいいのか分からないが、どうにかなるだろう。イルダの手紙が届いて、そこにはエレニータ・レイバが逮捕されたと書いてあった。彼女に疑いがかからなくて、とりあえずは良かったと思う。共産主義者たちに疑われていたからだ。通行許可証が届くまでのあいだに、ロベルト・カスタニエダの話でも。彼はグアテマラ人で、あまり成功していない写真家であり、しかもダンサーだ。芸術肌で、すばらしく頭が良く、やることすべてにおいて完璧を求める人という印象だ。鉄のカーテンの向こう側を旅行したことがあり、共産党には入らないものの、ああいうことすべてを心から崇拝している。マルクス主義についての理論的な知識を欠いていて、いわゆるブルジョワ特有の欠点のためにたぶん良い闘士にはなれないだろうが、行動を起こすときになれば、それに加わるのは間違いない。人間関係がきわめて良好なのが驚くほどで、ダンサーにありがちな柔弱なところは実質的にまったく見られない。

怠惰という僕の悪癖がたいして改善されないまま、また一日が過ぎた。フロレンシオ・メンデスについて。ＰＧＴの党員だ。政府軍とともにチキムラにいて、防衛軍の裏切りによって、というかむしろ防衛軍自体の最高指揮権によって、要塞が陥落するのをその目で見た。素朴な青年で、教養も知識もそれほどない。マルクス主義に関しては教養ゼロで、命令に従って単純に機械的に行動するだけだ。陽気でうっかりものだが、この避難所に知的障害に近い兄弟がいることからみても、おそらく先天的な障害があるのだろう。見るからに勇敢で忠実な男で、彼のロボットじみた無頓着な能力で、理想のために犠牲となる人びとの頂点に立つことができるだろう。

いままで概して話してきたことに付け加えるほどの良い出来事が何も起きないまま、さらに二日が経過。ルイス・アルトゥーロ・ピネーダについて。二一歳のグアテマラ人、労働党員。まじめな青年で、戦闘能力に自信があり、党は絶対に間違いを犯さないと強く信じていて、最大の夢は、グアテマラの、いやおそらくはラテンアメリカ全体の労働党の書記長になって、マレンコフ（一九五三年のスターリンの死後、当時のソ連の首相を勤めていた）と握手することだ。正統派の闘士らしく、党の規律に従わないものごとすべてを、軽蔑のまなざしで見ている。自分のことを大変頭がいいと思っているが、実際にはそうではない。別に、ばかというほどでもないのだが。彼の戦闘能力からいって、党のためならどんな犠牲も払うことだろう。

唯一の楽しみといえばイルダの到着を待つことだけ、という二日間が過ぎた。イルダは二回も入り口まで来たのだが、中に入れなかったのだ。喘息の具合があまり良くないので、下剤をかけて明日は絶食するつもりだ。フェリシート・アレグリーアについて。この青年は物静かで慎ましく、内気すぎてその才能を推し量ることもできない。高い攻撃能力を持った戦闘要員という印象で、とても毅然とした人のようだ。マルコ・トゥリオ・デ・ラ・ロカについて。二〇歳のグアテマラ人、詩を書くようだが、ここではそれを見せようとしない。彼もまたまじめで寡黙だが、頭の中に持っている宿命論的な考え方を反映しているような、やや寂しげな微笑みをたたえている。政治活動を好むタイプには見えない。

ニューヨークからエルシリアが僕の手紙に対する返事をよこし、マリア・ルイサのことが書いてあったのだが、どうやら深刻なようだ。日替わり人物スケッチは、ヒジェテについてだ。こいつは大胆不敵なやつだと思う。一八から二〇そこそこの少年なのだが、たいした知識は持ち合わせていない。お人好しで単純だ。長ったらしい詩を書くらしく、内容は見せてもらったことがないけど、きっとろくでもないものに違いない。無邪気さの中にもある程度しっかりした機知も持ち合わせていて、たとえば避難所にいる他の若い詩人たちの作品を批判して、《毎日死にゆく、なんてわかりきったことだ》と言ったりするのだ。彼にどの程度詩の知識や才能があるのか、はっきりと判断できるほどには、彼と話をしていない。

また無為な一日。マルコ・アントニオ・サンドーバルについて。一八歳のグアテマラ人、学生で詩人。詩人としては、とてもネルーダっぽいし、死についての考察ばっかりやっているが、良いものも少なくない。性格的にはきわめてロマンチックで、強烈なナルシストだ。どんな話題でもものすごく真面目に話し、ちょっとしたことでも強い自信を持って断言する。辛辣な性格をしているのだが、言い返すのをこらえるだけの冷静さがない。政治には明るくなく、なにもかも政治的体験だと捉えている。

二日経ったが、何も新しいことはない。料理をして、うまくいったものの相当に疲れてしまい、筋肉疲労になってしまった。体調が良くないことの表れだ。ヌニェス・アギラールは今日、アルゼンチンに行く。父親の住所を渡したので、話をしに行くかもしれない。下の名前は思い出せないが、バルデスは、グループにいるもうひとりの若い詩人だ。自由詩の形式で書かれた文章をひとつ読んだら、目立って社会闘争的な内容だったが、ほんものの詩人だけに見られるひらめきはなかった。一八歳の青年で、ある程度真面目さが芽生えてきてはいるものの、この歳なら仕方ないと思える、小生意気なとげとげしさをもった性格をしている。まっすぐで率直な性格で、大きな政治的主張は持っていないが、時間が経つと共に持つようになるだろう。

またもや、何も新しいことのない無為な一日だ。マルコ・アントニオ・デルドン、別名地震《テレモト》について。知能が低く、下垂体性幼稚症あるいは性器発育不全症による幼児性が、体格にもいくらか現れている。そのことは、避難所の中で、間接鼠頸ヘルニアが出るのと同時に精巣のひとつがもぐり込んでしまったことではっきりした。彼については、政治的知識の話はできないので、病理学上の体質の話以外には興味をそそるものがない。

完全に白紙の一日。毎日の単調さに変化を与える出来事としては、国外のことになるがバルガス大統領（当時のブラジル大統領）が自殺したことがあげられる。

副大統領またはその他の指導者たちが、ブラジルをどんな方向に持っていくことになるのかが分からないので、僕はちょっと戸惑っている。いずれにせよ、ブラジル人たちには騒然とした日々が訪れるのではないかと思う。ここでの身近な出来事では、避難民のひとりが鉄条網の囲いを飛び越えて逃げ出した。ウーゴ・ブランコ、別名ビエハは、若い詩人だ。出来の悪い詩人。頭のいい人物だとすら思わない。彼というひと全体の目立った特徴といえば、その優しさだ。この詩人はいつも、人の良い少年のような微笑みをたたえているのだ。

また何もない一日。アルフォンソ・リバ・アロジョについて。衛生局の組合の指導者で、ある程度マルクス主義的なものの考え方をしていながら、共産主義者たちとはおおっぴらに対立しており、知的な疑念を抱えた興味深い人物だ。しかも、僕としては精神的な要因を疑いたくなるような不眠症を患ってるんだ。大工で、本人いわく腕がいいそうだ。父親宛の手紙を一通渡した。大使館の中央ホールにいる人びとについてはこれで全部だ。

長い時間が流れて、一般的なレベルである程度重要といえる出来事があった。ペロンが家族を連れ出すことを認め、そのことで多くの避難民たちの今後の見通しが変わってきたのだ。たとえばある男性は、家族と離れたくなかったため、警察に出頭することに決めて、そのことを告げてから一日早く出頭していったのだが、警察は嫌がらせのつもりで彼を逮捕しようともしなければ、もう行っていいとも言わなかった。それで彼は、お別れをしに来た妻と子どもたちと一緒に、しばらくのあいだ外にいた。しまいに大臣もうんざりして、彼を中に入れて泊めた。午前二時になって、家族と一緒に出国することが認められた、という知らせが届いたのだった。翌日の夜には、前日ほど見物とは言えないが、重要性においては劣らないことが起きた。ビクトル・マヌエル・グティエレスが、塀の一箇所から入ってきて庇護が認められたのだが、それ以上人が入ってこないように、二時になるとメインの建物の一室に移動させられた。ラウル・サラサールについて。三〇ぐらいの植字工で、素朴な頭の持ち主、おそらく標準以下だろう。ただひたすら仕事をこなすだけなのだが、PGTには賛同していた。人民評議会のメンバーで、組合の指導者でもあったが、従順そうだなあと思ってしまう。

この二日間は、とてもすてきなことがあった。グティエレスが入ってきたことで、大使館内が大騒ぎになったのだ。避難民の家族にも庇護を与えるというペロンのデマゴギーについて、ピネーダ家のひとりがうかつな発言をしたのを大使館が利用したのだが、これはまた、共産主義者と、事実を明らかにしようとしたペジェセールとを、さんざんこけにするものだった。力を誇示するため僕たち一三人をガレージに閉じこめ、ほかの人たちと口をきくことを禁じた。それと同時に、ペジェセールとグティエレスは二人だけ一室に隔離された。それに応えるかのように、同じ夜、ピネーダ家の息子ふたりが逃亡した。

役人たちのお怒りに守られるようにして、自らも怒りを露わにしていたバナベスの顔は、たいそう滑稽だった。一三人組と並行して、例の一団の話を続けよう。レンチョ・メンデス、ルイス・アルトゥロ・ピネーダ、ロベルト・カスタニエダ、チェチェ・ベガ、それに僕の話は済んでいるので、残るは八人だ。ウンベルト・ピネーダは、ルイス・アルトゥーロ・ピネーダの兄さんだ。弟と似たような性格をしているが、兄さんのほうがいい人で性格も良い。反抗的なところは弟とそっくりだが。二人とも、見るからに肝っ玉が座っている。ホセ・アントニオ・オチョアについて。植字工で、見事に一本筋の通った方針を持っている、労働組合指導者だ。党員ではないが、例の一三人組に入っている。ぽっちゃりした体つきのとおり、穏やかな性格をしているが、冴えた知性を持っていて、自分の政治的方針では常に首尾一貫している。陽気で表情豊かで茶目っ気もあるが、少々子どもっぽいところがあるし、ときどき憂鬱そうになる。英雄じみた行動は絶対にできそうもないが、裏切り行為を働けるようなやつでもない。

まるで僕が書いたことに応えるかのように、オチョアがあちら側に移るのに成功し、もうすっかりご満悦だ。檻の中に残っているのはこれで一〇人だ。

リカルド・ラミレスはおそらく、若者たちをまとめている指導者の中では、最も訓練を積んだ者のひとりだろう。若いころ、というかまだやっと二三歳なのだから子どものころにと言ったほうがいいかもしれないが、彼に家庭があったようには見えないし、明らかに党が家庭代わりだ。ブエノスアイレスに行くことになっているが、もちろん党内での経験が役に立つだろう。全般に教養が高く、問題への対処のしかたは、ほかの仲間たちと比べてずっと柔軟だ。大使館の中では、前に書いていた四分の一のメンバーのうち、アラナの話が残っている。年輩の植字工で、五〇歳ぐらいだろうか、弱々しくて思想的土台は持ち合わせないが、党には忠実だ。中程度の知性だが、労働者階級にとっての唯一の理想的な道は共産主義である、ということに十分気づけるぐらいだ。

大きな変化もなく数日が過ぎた。ただ、家政婦をしているあばずれ女とチェチェがごたごたを起こしたあげく、僕らに対してもさらに一層激しく当たった。《二三人組》のうち、ファウスティノ・フェルマン・ティノという靴屋について。素朴なものの考え方をしているが、忠実でどこまでも誠実。陽気でさっぱりした性格で、靴づくりに関しては非常に熟練している。それが彼の一番大きな特徴だ。トマス・ヤンコスは、大使館の中でも年老いた仲間のひとりで、なぞめいた人物だ。どうやら結局は裏切り者だったらしいリバス・アロジョのように、この男も全般的な方針では矛盾がないが、党とは《一定の距離》を置いていたうちのひとりだった。これは間違いで、ヤンコスもくそ野郎だった。風変わりな性格で、人を拒絶するような無愛想さがあるが、ほとんどの場合は冗談でやっているみたいだ。おおむね感じの悪い性格だ。

この数日は、そこそこに重要な出来事があった。どんなことがあったかはもう忘れてしまったが、特に大きなこととしては、レンチョ・メンデスとロベルト・ムライジェスの逃亡があった。ロベルトは見かけ上ちょっと抜けていて、知識は全くなく、何につけても衝動的な青年だった。確かなのは忠実だということで、彼のことで確実なことと言ったらそれしかないと思う。

翌日は、到着した飛行機五機に乗って一一八人の避難民が去っていき、その中にはカルロス・マヌエル・ペジェセールとビクトル・マヌエル・グティエレスも含まれていた。大使館は空っぽになってしまい、犬小屋の一三人組のうち、残っているのは僕だけになった。

そこで、サンチェス・トランソと話をしたので、今日にでも街へ逃げ出してやる。グアロ・ガルシアの友だちのバリスコが飛行機でやってきて、一五〇ドルとスーツ二着とマテ茶四キロとそのほか山ほどのくだらないものを、僕の家から届けてくれた。

一三人組のメンバーのうち、まだ書いていないのが《エル・フィガロ》バスケスという床屋だ。大した知識があるわけでもないくせに、大変なうぬぼれ屋だった。悪い人ではなさそうだが、革命的な持続性ではなくいつも衝動にかられて動いていて、何をするにも大げさ、そしてかなり怒りっぽい。一三人の和やかな雰囲気を乱していたのはいつも彼だった。

ウンベルト・ピネーダは、僕らのあいだでも大使館からも、グループ全体のリーダーとして認められていた。一段上の筋の通った落ち着きを持っていて、自身の息子たちが持っているような荒々しい衝動はもう卒業した男だった。知識レベルも教育レベルもたいして高くはないのだが、身の程をわきまえた良い戦士だ。エドゥアルド・コントレラスは背の低い教師で、とても若く、本当に良い人で、陽気で愉快、ある程度理論的下地があり、実践面の下地は非常に立派だった。勇敢で忠実だ。ときどきちょっと知ったかぶりが出るが、ずうずうしくない程度の知ったかぶりなので、いやな感じはしない。

今では僕も解放されて、何一つ不自由はない。さっそく最初の訪問をし、それなりに楽しんできた。レイバばあさんの家に泊めてもらい、F・Uを訪ねて行ったのだが、彼は僕を非難しなかったので、僕に対して具体的に反対する何かがあるというわけではない。今日からパスポート受け取りの手続きを始めるので、もしなにも問題なければ、明日の午前中にはアティトランとケツァルテナンゴに行ってみる。カメラを借りていくつもりだ。

アティトランは、アルゼンチン南部にあるような湖ほどの大きさはない。はっきりそう言いきるのに適した天気ではなかったが、どうみても違いは歴然としていたので、いっそ言い切ってしまおう。湖を見た後で、チチコルテナンゴに行き、そこでは先住民の生活について、とりわけその慣しについて本当に興味深いことを発見したのだが、サトウキビ酒を飲んでひどい食べ物を食べたせいで、喘息の発作を起こしてしまい、しかもかなりのお金を無駄に使ってしまっていたので、一気にグアテマラ市まで戻ってきた。翌日、出国を許可するビザつきのパスポートを引き取り、もう一日待って、メキシコのビザも手に入れた。日曜日の今日はグアテマラにさよならを言うために使った。サン・フアン・サカテペケスにちょっと足をのばし、さんざん楽しんで、さらにうわべだけのお楽しみもいくらかした。明日はもっぱら、お別れを言いたいと思っている人たちに会うことにし、火曜日の午前中には、メキシコ*への大冒険を開始するんだ。

大冒険の第一段階はうまくいき、僕はここメキシコに腰を落ち着けた。*2 これからのことはまったく何も分からないのだが。出発してから国境までは、小さな疑いの気持ちをぬぐい去ることができなかった。国境越え自体は何ということもなかったが、メキシコ側に着くやいなや、役人どもが賄賂を取り始めた。最初は、人のいいグアテマラ人青年と一緒に旅をした。工学の学生で、フリオ・ロベルト・カセレス・バジェ*3といい、彼もまた旅への強迫観念にとりつかれているようだ。しばらくしたらベラクルスへ行き、そこから高飛びを試みるつもりらしい。メキシコまでの旅は彼と一緒だったが、ここでは僕はひとりになった。彼はたぶん戻ってくることになるのだが。旅の中で唯一本当に興味深かったのは、オアハカ近郊のミトラ遺跡へのハイキングだった。古代ミステコ人の遺跡で、どうやらそれほど重要なものではないらしい。いくつかの四角形のパティオからなり、パティオのまわりを、直線形の壁で飾られたこれまた四角形の建造物が取り囲んでいる。

地下建造物がひとつふたつあって、それの意味するところが何なのか、正確なことはまだ僕には

＊　重要性が高いので、すでに *Aquí va un soldado de América* の中に公開されている家族に宛てた何通かの手紙を収録している（付録参照）。

＊2　メキシコには一九五四年九月一八日に到着した。

＊3　背が低いためエル・パトホとの呼び名で知られた。キューバ革命の成功後キューバに移り住み、祖国の解放戦争に加わるまでキューバに住んだ。戦闘中に死亡。チェは著書『革命戦争の道程』のなかで、彼への追悼のオマージュとして人物像を捧げている。

分からないのだが、貴人を飾り立てるためのものであったことは間違いないようだ。天井は、少なくとも重要な部分の天井は、コンクリートの一種でできたやや円錐形をした円柱によって支えられていたようだ。建造物はすべて、砂利を混ぜた泥で石をつなぎ合わせて作ってあり、やはりセメントの一種で仕上げがしてある。ここにはマチュピチュのような威容や、キリグアーのような美やメッセージ性もなければ、エルサルバドルの鉱山のように感動を与えてくれもしないが、全体として興味深いものがいろいろ見られるし、今後ここらで素晴らしいものが発見されるだろうということを彷彿とさせる。今日すぐにでも、いやあるいは明日にでも、U・Pに会いに行くつもりだ。ハロルド・ホワイトが不在で、どうやら米国に行ってしまったようだから。

どうしようもなく非効率な数日だった。プティ*に会いに行くと散歩に連れ出され、政治について議論を交わした。感じのいい娘さんがいるが、典型的な信心深いブルジョワ流の教育を受けている。プティはどこからどう見ても、ローマ教皇の格言で自分の逃げ腰をごまかそうとしている負け犬で、カトリック愛こそ唯一確実たり得るものであるとかなんとかいう話をする。テオティワカンとか何とかいう遺跡に行った。芸術的価値ゼロの巨大ピラミッドと、芸術的価値のあるその他のピラミッドがある。また時間に余裕をもって行き直し、そのときに細かいところを見るつもりだ。今回は、買ったばかりのツァイス・イコン社製三五ミリの新しいカメラで、マルタ・プティの写真を一枚撮ってあげただけだったから。

何も進展のない数日だった。プティと大変和気あいあいとした議論をしたあと、一度だけ電話番号を知らせるために連絡を入れたのだが、その後二度と彼から電話がかかってくることはなかった。

エレニータに会いに行ったが、なんだか二人はギクシャクしていた。何があるのか、よく分からないけど。全部は見られなかったが、メキシコ芸術博物館にも行った。いつものように、古代文化の展示に興味をひかれたが、その中には本当の芸術作品があったのだ。マヤ・アステカ芸術の二つの頭像と、サルをモチーフにした黒曜石の器が気に入ったが、さらに黒人のような顔つきをした巨大な頭像がすごく興味深かった。もちろん、次の興味の対象は、リベラ、タマヨ、シケイロス、オロスコの四大画家の作品だ。特にシケイロスに惚れ込んだが、全員本当にすばらしいと思った。壁画は鑑賞には非常に不便な位置に置いてあるのだが。

メキシコ生活は、ずいぶんひどい形式主義化の一途を辿っている。プティはもう完全にとんずらだ。最近のことといえば、どういう状況なのかは分からないが、イルダがメキシコのタパチュラにいるということ、イチャルティ博士という若いペルー人に会い、何か手助けしてもらえるかは分からないが、彼には大変感銘を受けたということ。公園で写真を撮る仕事にありついたが、無数の見込みがある一方で、その行く末を見守っているところだ。

数日経ったが、昼間に医学の勉強を進められないつらさを除けば、全体としては何もかもうまくいった。写真を続け、少しは人びとと知り合いになったりしつつ、月曜日には医者の仕事をひとつ見にいき、水曜日にはそのほかの仕事を見にいく。

フランシスコ・ペトローネは共産主義者でもなんでもないが、誠実な男で、自分の姿勢は正しい

＊ウリセス・プティ・ド・ミュラー。映画の脚本家で、ゲバラの父親の旧友。

と確信している。いわゆる洗練されたお手本というのとは違うが、その場でとっさに一番適切なスタイルをとっているのが見てとれる。彼のやり方をいろいろと目にしたが、ずいぶんとうまくやっている。一方、偉大なブラウンは大学生たちに暗殺された。プティとはすでにひどい言い争いをして、少なくともこれで完璧に決裂したので、これ以上首を突っ込んでくることはないだろう。イルダとはもと通りの関係になった感じなのだが、どうなるだろう。

相変わらずヤミで写真の仕事を続けているが、ちゃんとやらなければ。病院にも腰を落ち着けつつあり、栄養学研究所でなくとも何かしらできると思う。街の中心部にあるまともな部屋に引っ越して、毎月一〇〇ペソを払っている。僕ら二人（エル・パトホのこと）専用のバスルームがあり、料理もしていいと言われている。家主はみっともない太った女で、投げ縄でも好きそうな顔をしている。

写真の仕事はまあまあで、医療関係のほうもそれほど悪くない。どうにか生計は成り立っている……。今のところは学問の面ではさっぱりで、夜ちょっと本を読んだり、毎日ちびちびと勉強したりしているぐらいだ。ゴンサレス・カサノバ家の人びとにはまだ会っていないが、いつ会えるか分からない。イルダには明日会う。

多少の変化があった。だいたいの概要はこうだ。生計の面では、確実に頼れるのは写真だけで、十分な実入りはない。今週は六〇枚ほどの写真があって、これはだいたい六〇ペソ相当なのだが、フィルム一本が感光してしまったので、三〇枚はだめになってしまった。医療関係では、小児病院と総合病院で三日ずつ働いている。総合病院では、ピサーニ先生の栄養悪化について研究し、小児病院では、僕が試案を持っている研究計画について報告するように言われた。アプラ党員の医者であるイチャルティには一度だけ会って、明日もう一度会うことになっている。メキシコについては、全般にほとんど何も書くことがない。新しくは何も知ることができないでいるからだ。[*]

プティ、ペトローネ、ピアサにはずっと前から会っていない。

右に書いた人たちには相変わらず会っていないが、自分の生活が出来上がったので、急いで会いに行く必要性もないのだ。病院に行っていると、何もしていなくても午前中がつぶれてしまい、午後だけでは写真を配る時間が足りないので、赤字になってしまっている。

ここではもうガスがなくなってしまったというのに、大家には復旧させようという気があまりないので、ガスタンクの一部は空になってしまった。いま僕らはラティナ通信社[*2]のカメラマンもやっているのだが、最初のトライアルは最悪だった。アルゼンチン人飛行士数名を空港で午後いっぱい待たされて、公園で写真を撮るチャンスを逃してしまったので、その日は無収入になってしまったからだ。

ホンジュラス民主革命党の青年たち以外、新しい人とは知り合っていない。彼らはすごく右寄りみたいで、エレニータは彼らをかばおうとするけど、その根拠はない。彼らがもともとほとんど持ち合わせていないプロレタリアート的なところが、根深いプチ・ブル的なものに変わって行きつつある。

＊ 付録の一九五四年に家族宛に送られた手紙（*Aqui va un Soldado de América* で公開）を参照。
＊2 ラティナ・ニュース通信社。アルゼンチン政府が直接出資していた。

なにもかも平穏無事に順調にいっているので、話をするほどの新しいことは何もない。ピアサは《たぶん》ブックフェアの最中、米州機構の屋台で本のセールスマンの仕事を都合してくれると言っている。写真だけでは生活できないからだ。そのほかのことでは、何も変化なし。左派のグアテマラ人は全員逮捕されたという知らせ、セリアが結婚するという知らせ、それにエルシリアが裕福な老人と結婚するという知らせを受けた。近頃は興味深い人には全然出会っていないが、この生活を続けていたのでは永久に知り合うことがなさそうだ。どうやら、数日中に自転車が手に入りそうだ。

ここ数日で、多少重要性のあることがいくつか起きた。医者でもあるラティナ通信社の上司*に道ばたで知り合って、僕のことを気に入り、臨時特派員に任命してくれた。パンアメリカ大会に来ていた選手たちの写真を撮って、いくらかお金をもらったが、大した額にはならなかった。写真ではちびちびとしか稼げない。借金が溜まってきているが、貸しもあるのだ。どこにたどり着くのか見通しも立たないまま、病院での仕事は続けている。

僕のプロレタリア的生活の特徴である、期待と裏切りの連鎖が毎日繰り返されるなか、日々が過ぎていった。ブックフェアでの仕事は見果てぬ夢に終わり、もっといい仕事がもう一つあるのだがこちらも同じく未確定だ。ラティナ通信社の上司が、週に三日、メキシコでの行事の総括を定期的に作成したら、ひと月あたり約五〇〇ペソ稼げるという仕事をくれたのだ。*2 今のところは写真の仕事を続けているが、収入は減るいっぽうだ。起業してしまおうかというアイデアも出ているのだが、なにせ資金が足りないのだ。

すごいスピードで日々が過ぎていく。アレルギーの仕事をたくさんしていて、医者たちとの間に軋轢が生まれ始めている。

全体としては前進していると思うのだが、一番強い衝突が起きないと勝利はあり得ないだろう。月曜日には、ラティナ通信社に入社するかどうかをみる試験を受ける。写真はだんだんやらなくなってきた。メキシコ中を無駄に歩き回るのに疲れたからだ。今は、七〇〇ペソという新しい給料で働いていて、一日あたりの労働時間はとても少ない。けれども、写真も多少は撮り続けていて、米州機構からは駄作で一五〇ペソを巻き上げた。プティの作品は相当厳しく評価されているようだが、どの程度のものか、明日あさってのうちにでも上映を観に行ってやろうと思っている。

病院での仕事はうまくいっている。自分はアレルギー以外のことでは医学のことを何もわかっちゃいないと、常に思い知らされているが。それぞれの病院に、治療中の患者を二人抱えている。小児病院では、両手を縛り上げられて何もできないような状態なのだが、総合病院のほうでは自由を謳歌している。電気泳動(エレクトロフォレシス)[*3]の実験をしようとしているのだが、どんな結果が出るのかは分からない。日曜日にはグアダルーペの聖母の記念行事に行ったが、話によるといつもほどの盛況ではなかったらしい。ご多聞に漏れず、異教とキリスト教が混ざったお祭りだ。大勢の先住民たちがいっそう先住民っぽい扮装をして、単純なリズムの音楽に合わせて踊る。ボリビア

---

* アルフォンソ・ペレス・ビスカイーノ氏のこと。
*2 一九五五年三月一二日から一六日にメキシコで開催された、パンアメリカ体育大会のこと。
*3 プロテイン(電気を帯びた分子)が電場の中で動くこと。

やペルーの先住民と似ている。

年末が近づいていて、これから経済面でなにがしかの変更が行われるという噂が流れている。学問の面では同じ状況が続いており、流動食の研究をしながら、血液の電気泳動と、ユルバッハのプロペクタンの研究をする準備を進めている。しかも、小児病院のほうからは、給料その他すべての手当込みで、実験の仕事をして欲しいと頼まれている。ラティナ通信社の仕事も続けているが、まだ給料はもらっていない。勉強のほうは行き詰まっている。医学の本もほとんど読めないし、文学作品などなおさらで、文章もめったに書かないのだから。交友関係ではだいたい同じ調子で、知的な意味での友だちも恋人も、本当の意味で友だちと呼べる人はひとりもいない。クリスマス・イブは、寝袋にくるまっておもちゃの屋台を夜番みたいに見張りながら、過ごすことになっている。もう写真はやめてしまったが、ときどきそのことを後悔するときがある。今は文無しだが、写真の仕事をしているときはいつも少しは収入があったからだ。けれど今はほかのことに専念する時間ができたわけだし、年が明けたらちょっと気合いを入れよう。教育面では自分がおじいさんになったような気がする。エル・パトホに生活のことを諭したら、母親の手伝いをするためにグアテマラに帰ることにしてしまったからだ。

政治面では、エデルベルト・トーレス氏とその息子の帰還が特筆に値する。父親のほうは釈放されて追放され、息子のほうは逃亡者だ。

ここに何も新しいことを書けない。また一年が終わるという、古いネタだけだ。いつものことだが、イルダは僕が一緒にパーティに行きたがらないと言って怒ってしまった。僕は年末を、米州機構の屋台の夜番をして過ごしたんだ。新しく話すことは何もない。ラティナ通信社は給料を払ってくれないが、おそらく近いうちに払ってくれることもないだろう。お金はブエノスアイレスから出るのだから。

今日はちょっと、健全な助言をする良いおじいさんになった気分だ。エル・パトホは《くそったれの》弟と一緒に、グアテマラに帰ってしまった。僕に読んできかせてくれたお母さん宛の手紙の中では、自分が闘っているふりをしているが、君は闘っているどころか何かから逃げているじゃないか、と僕がある会話の中で言ったのが始まりだ。翌日には出ていくことを決め、すぐあとに弟が従った。前に貸してあったお金のほかに、ピアサに借りた一五〇ペソも渡した。僕の状況は奇妙だ。ラティナ通信社の給料をあてにしているのに、約束ばかりで払ってもらえず、何も具体化しない。学問の面では大きな期待を抱いているのだが、現実にはまだかなっていない。濾紙を使って電気泳動を起こすための勉強を始めたし、一、二週間のうちにはこれについて研究を開始したいと思っている。家にもめったに手紙を書かないので、向こうの様子もあまりよく知らない。

ようやく最初の月給をもらったが、みんな使ってしまった。つけが残っているぶん以外は。そんな状況でも、それほど気に病んではいない。コルテス先生と一緒に、ある女性患者を受け持っているのだが、彼女は四日ごとの診察のたびに二〇ペソを支払ってくれるので、これでラティナ通信社に次の送金が来るまで食いつなげそうだからだ。ラティナ通信社とは良い関係だ。ペレス博士はいささか僕を見張っているようなのだが。冗談混じりに、ホセ・フィゲレスのくそったれのいるコスタリカに派遣してもらえるよう、説得しているところだ。エル・パトホからも家からも、知らせはない。僕に手紙をくれるのはあるペルー人学生だけで、グアテマラが陥落するという僕の予言を思い出させてくれる。自分の状況があまりにも不安定なので、学問の面ではちょっと停滞している。家を出て行かねばならず、行き先も決まっていないのだ。

住む場所の問題はまだ解決していなくて、あらゆる意味で僕はまさに宙ぶらりんな状態だ。電気泳動の手製の器具はゆっくり仕上がりつつあり、その他の研究は実質的にストップしている。コルテス先生と一緒に女性患者を診ているが、だいぶ良くなりそうで、診察では一回につき二〇ペソもらっている。来週は、いろいろな出来事の起きる一週間でありますように。

（……中略）

診察に来た女性患者の状態がひどく悪化していたので、新しく検査をしてみると、以前食べていたが僕が食べるのを禁じた食べ物のいくつかに、強く反応した。いろいろあったものの、相変わらず僕は一文無しだ。収支のバランスをとる方法がないんだから。ラティナ通信社は決められたとおりにさっさと払ってくれず、そのせいでますます泥沼なんだ。大プロジェクトに関しては進展なし。明日には頼まれていたグアテマラに関する記事を書き上げ、一週間まるまるかけて、何通かの手紙を終わらせるつもりだ。返事がすいぶんと遅れているから。

なにもかも中途半端で、決まらないことだらけの毎日だ。一月分の給料をもらったが、すでに全部使ってしまった（今は二月の終わりだ）。しかも、今度はパンアメリカ大会の選手が来るので、病院そっちのけで馬車馬のように働かなきゃならない。患者は、最後に治療したときとまるきり状態が変わっていない。イルダとは愁嘆場を演じたあと、完全に終わりになったと思う。化学者の女の子が気に入っている。あまり賢くはないし、そうとう無知だが、実に感じのいいこざっぱりとした性格で、すごく印象的な目をしている。四月には、流動食を使った皮膚実験についての研究を、アレルギー学会で発表する予定だ。

最後に日記をつけてから、一カ月以上も経ってしまった。たくさんのことがあったが、見方によってはそれほどでもないかもしれない。パンアメリカ大会の選手たちのおかげで死ぬほど働くはめになり、報酬はなさそうかと思いきや、ちゃんと支払いはすると約束されたり、ほとんど時を同じくして、ラティナ通信社が解散するという不可解な知らせが届いたりし、結果として金銭面での不安が襲ってきたのだ。今は、未払いの二カ月分と退職金として三カ月分、プラス、写真代として二〇〇〇ペソを払ってくれることになっているらしい。つまり、おおよそ五〇〇〇ペソになり、これだけあれば借金の一部も返せるし、メキシコを旅行したり、どこにだって行けるので、ありがたい額だ。

仕事中はいくつかいやなこともあったが、それと同時にいい友だちもできた。フェルナンド・マルゴジェスとセベリーノ・ロッセル、通称グアヒーロだ。僕は別の家に住んでいて、すでにいつものごとく家賃を払うのに手こずっている。

（……中略）学問の面では、アレルギー学会での発表用に研究をひとつ仕上げる約束になっていて、やれると思う。それに、グリンゴたちの国との国境沿いにあるヌエボ・ラレドに行かないかと言われているが、二年働くという条件で、僕には長すぎる。僕の計画はもっと単純なんだ。要するに、三月まではアレルギーの研究をして、それを発表する、五、六、七月はメキシコをくまなく旅行し、七月から八月の間にベラクルスに行って、キューバかヨーロッパ行きの船に乗れるまで滞在する。それがかなわなければ、一二月にはカラカスだ。どうなるかな。

今度は生活にいろいろ変化があり、（……中略）病院のインターンをしている。ことの次第はこうだ。グアナファト州のレオンに行き、《半流動食抗原を用いた皮膚調査》*という研究を発表した。研究はそこそこ受け入れられ、メキシコのアレルギーの権威、サラサール・マジェンがコメントしてくれた。今度『アレルギー』という雑誌に掲載されることになって、実験研究を行うための資金援助をし、総合病院でインターンをさせるとサラサール・マジェンが約束してくれたが、後者のほうはまだ未確定だ。

ラティナ通信社の給料については、具体的な知らせがない。書き留めるに値するもう一つのニュースを書くと、管理がまったく行き届いていないため、僕がメキシコ人選挙人として登録できてしまったのだ。窓口に行って、名前と住所を告げれば、それで終わり。選挙もこの調子なのだろう。

グアナファトでは、教会で自然の舞台をバックに、地元のセルバンテス・ファンの芸術家が演じる、有名なセルバンテスの幕間狂言をいくつか観た。役者の大部分は品格が足りなかったが、舞台がとても自然なので気にならなかった。

数々の波瀾はあったものの、総合病院に落ち着き、少々無秩序にではあるが、かなり働いている。食事のせいで、あまり体調は良くない。食べれば喘息になるし、食べなければお腹が空くからだ。サラサール・マジェンは一五〇ペソ払ってくれる（……中略）。ラティナ通信社は給料を払うと言っているし、その額は五〇〇〇ペソ近くになるのだが、本当に払ってもらえるのかどうか。今は、イルダを連れてメキシコ市郊外を専門にまわっている。とある農学校にあるリベラのすばらしい壁画をいくつか見に行ったし、プエブラにも行った。

いいことと悪いことが起きた。僕の生活が今後どうなっていくのかは、いまだに分からない。ラティナ通信社は支払ってくれたが、全額ではなく、いくつかの借りを返して贈り物をしたら、二〇〇〇ペソしか残らないだろう。青年祭に招かれていたが、交通費は自分で出さなければならなかった。お金が入るというので、七月八日からスペインに行けるかもしれないと考えていて、そのことをそこら中で話してしまっていた。今となってはすべて白紙状態だが、九月一日からメキシコ巡りを始めるという計画は健在だ。スポーツ系の出来事としては、ポポカテペトル登山のことを書いておかなければ。下側を即席の登山家たちが勇ましく登ったのだが、僕もそれに加わっていた。すごく良かったので、ときどき登ってみたいところだ。パスクアル・ロサーノというベネズエラ人は、最後のほうでは引っ張ってやったにもかかわらず、登頂直前でリタイアしてしまった。もう一つの出来事はアルゼンチンで起きた革命で、弟が海兵隊にいるので不安でいっぱいだ。おもしろい出来事としては、イルダとペルー人の女友達を招待して、サッカーの試合を観に行ったこと。最初はガソリンの玉に火がついたぐらいで、やんわりと始まったのだが、しまいには三人での激しい罵り合いに発展した。

＊一九五五年四月二五日から三〇日にかけてグアナファト大学レオン医学校で開催されていた第九回全国アレルギー学会で発表され、雑誌『イベロアメリカ・アレルギー学』（一九五五年、メキシコ市、一五七ページ）に掲載された研究。

政治的な出来事といえば、キューバ人革命家のフィデル・カストロに出会ったこと。若くて聡明で、非常に自信家であり、普通では考えられないような勇敢さを持った青年だ。お互いに気が合ったと思う。[*]

スポーツでは《ポポ》登頂に失敗。マルゴジェスの足が凍傷にかかって、怖じ気づいてしまったので、頂上まで数メートルを残してあきらめたのだ。

旅行面では、マルゴジェスが米国に行った。

学問の面では、雑誌『アレルギー』に、単独で執筆する初めての論文《半流動食抗原を用いた皮膚調査》が載る。まあまあの出来だ。

生理学では、猫を手術している。

数カ月が過ぎた。イルダと結婚し、引っ越した。なにもかもが、明るい将来の見える数カ月先に向けて動いている感じだ。[*2]

政治的には、ペロンの失脚という重要な出来事があった。どうということはない平凡な失脚で、聖職者および中道派政党と結んだ軍の一派が、政権を握った。勉強内容は、前より少々整理して、アレルギーものだけを読んでおり、英語をちょっと勉強し、ほんの少し代数もかじっている。研究では、今現在やっているのは三つだけで、やろうかなと考えているものがひとつある。実際にやっている三つとは、《血中のヒスタミン》と《結核罹患者の肺組織中のヒスタミン》、そして《プロゲステロンとヒスタミナーゼの関係》だ。血清の電気泳動についても、何かしら研究をしようかと思っている。それ以外のことで言うと、盗まれたカメラの代わりに一台買ったし、ブラインドタッチを練習している。国連で働けるかどうかは、まだ分からない。あそこで働くと考えると虫酸が走るが、給料が魅力的なんだ。

付け足すことはそれほどない。ひとつだけ、僕はついにポポの頂上に立った。簡単な登山で、問題もほとんどなく、六時間半で下の稜線までたどり着いた（それ以上は登らなかった）のだが、あたりはすっかり霧に包まれていたので、いい具合の写真を撮ることができなかった。しばらくしたらユカタンに行って、マヤ地域全域を制覇したいと思っている。政治面で新しい動きはなく、解放軍よりペロンを支持するなんてと言って、[*3]僕を激しく責める手紙を家族が送りつけてくるぐらいだ。

ペロンの失脚についての感想を述べ合う会合に行った。報告者はオルフィラ氏という人で、後になって分かったことだが、彼がペロンに対してあんなにも腹を立てているのは、彼が社長を務めている出版社フォンド・デ・クルトゥーラ・エコノミカとペロンとの間で、もめごとがあったのが大きな原因になっているようだ。[*4]ことは順調に運んでいたのだが、デザートの時になって、仲間同士でけなし合いが始まったので、僕がしゃしゃり出てそのオルフィラ氏とやらにひとこと言ってやったのだが、彼もいささかご立腹だったので、まるく収めることができなかった。しまいには、祝福のメッセージを送るのは、アルゼンチン政府が組合民主主義や経済運営といった具体的な行動をと

＊ 二人の出会いは一九五五年七月末、メキシコシティでのことだった。
＊2 一九五五年八月一八日にテポストランで結婚した。
＊3 付録として収録した、一九五五年九月の母親宛の手紙（*Aquí va un soldado de América*, pp. 109–111より引用）を参照。
＊4 革命軍が勝利した後もオルフィラはチェと親密な関係を続け、キューバに対する強い支持を常に示していた。

ってからにしてはどうか、と提案したのだが、オルフィラは《変化を制御するといったある程度二次的なこと》だけに止まることはない、と断言した。社会主義者たちはとんでもない方向へと向かっている。

さんざん話していた、メキシコ南東部一周旅行にようやく行ってきた。マヤ地域もさらっとだけ、まわることができた。鉄道でベラクルスへ行ったが、何の面白みもない旅だった。ベラクルスは小さな港で、いまいち活気がなく、いかにもスペイン人の子孫が住む小都市らしい。ビーチも小さくて汚れていて、平坦だが、水は温かい。

そこでは、アルゼンチンの船《グラナデロ》号に出くわし、マテを数キロ譲ってもらえた。ボカ・デル・リオは、ベラクルスから一〇キロほど南に下ったところにあるちっぽけな漁村だ。そこでは、ロセンド・ロサードの所有する《トニータ》号という舟に乗せてもらって、一日漁に行ったのだが、漁民たちの生活や彼らが抱える問題というのはとても興味深いものがある。

ベラクルスで五日間過ごした後、バスに乗って南に向かった。まずはカテマコ湖で一泊したのだが、雨降りの日だったので湖を訪れることはできなかった。そこで、コアツァコアルコスという名の川岸で一泊しようとそのまま旅を続けた。ここは、川が海に注ぐ場所で、密かに重要な役割を持っている。到着したときは喘息が出ていた。翌日川を渡った。向こう岸はアジェンデという名で、そこからは鉄道を使ってパレンケまで行き、夜になってから駅に着いて、ホテルまではジープで行った。

パレンケの遺跡は素晴らしかった。山裾に都市の中核があり、中心部だった場所だ。そこから、四キロから六キロメートルにわたって、密林《セルバ》のまっただ中に都市が広がっている。茂みに覆われた建造物の状況ははっきり分かっているのだが、まだ発掘は進んでいない。

当局は細心の注意を払っていて、メインの墓室を完全に発掘するのに、四年の歳月を費やした。米州のなかでも有数の高い価値を持つ、考古学遺産とされている墓室である。しかるべき道具と人員をもってすれば、三カ月で済んだところだろうが。最も重要性のある建造物としては、石彫がほどこされているひとそろいの回廊と中庭、および非常に芸術性の高い化粧漆喰をほどこした陵を備えた宮殿があげられる。碑銘の神殿、別名墳墓の主な特徴は、墓室があることだが、この墓室の型が米州では他に例のないものなのだ。ピラミッドの上部に入り口があり、台形の天井をした長いトンネルを下りていくと、広い部屋に通じていて、そこで、太陽と月と女神を表す象形文字で飾られた、長さ三・八メートル、幅二・二メートル、厚さ二七センチの一枚岩の石碑が発見された。

石碑の下には、石の塊をまるまるくりぬいた棺が置かれ、王の遺体が入っていた。さまざまな大きさの宝飾品があり、すべてヒスイでできていた。パレンケでは浅浮き彫りや化粧漆喰の美しさや雰囲気が特筆に値する。こうしたものを作るのに用いられた技術は、のちのち、すでにトルテカの影響が見られる第三帝国による支配が進むにつれて、失われてしまう。トルテカのものはもっと大規模だが、彫刻がうんと少なくなる。

パレンケにおける彫刻のモチーフは、アステカやトルテカのものと比べてより人間的であり、だいたいにおいて、歴史的出来事や儀式の中で、彼らの神山の中でも特に重要な神、つまり太陽神、月の神、女神、水の神などの化身と一緒に、人間の全身像が描かれているのが目につく。

モーリーという米国の考古学者が行った分類によると、パレンケはマヤ地域の中では二級の地域の中心となっている（この考古学者はコパン、ティカル、ウシュマル、チチェン・イッツァのみを一級と認めている）。考古学調査によれば、パレンケでは、帝国のもう一つの芸術の中心だったピエドラス・ネグラスとほぼ同時期にあたる、バクトゥン九時代（紀元四三五年から五三四年）の最初の四分の一の時期に、建造物が建立されたということが分かっている。どちらも、第一帝国の時代に繁栄した。モーリーの分類によれば、二級の都市が全部で一九あることになっているが、最近の調査ではパレンケはもっと重視されるようになってきた。この都市が一級の中心であろうとなかろうと、ここの化粧漆喰の技術が最も優れており、最も芸術的であるということは、ほぼ誰もが認めるところだ。

夜にはパレンケを発って、南東の鉄道を使ってカンペチェの小さな港まで行き、一日過ごした。遺跡と、海賊対策に建設された要塞以外には、それほど見るところもない。二時間バスに揺られて、メリダに行った。この手の街としてはかなり大きいが、生活はとても田舎っぽい。メリダは港町ではなく、街の特徴のどこをとっても、海から三〇キロどころか五〇〇キロは離れているような土地という感じがする。昼間のひどい暑さを考えれば、夜はかなり涼しくなる。博物館は、展示のしかたも利用のされかたもとても悪く、興味深いものが何も置いてない。メリダの一番の魅力は、廃墟と化した周辺のマヤ都市で、ウシュマルとチチェン・イッツァという二大中心地を訪れた。

チュマイェルのチラム・バラムの書の言い伝えによると、紀元四世紀頃、拡大を続けていたマヤ人たちがチチェン・イッツァを発見し、住み着いたとされるが、はっきり読みとれる最も古い日付は、八七八年となっている。この頃には、旧帝国の都市からの引き上げがほぼ完了しつつあり、新帝国の領域の中でのチチェン・イッァの歩みが始まっていた。イッァ人は六九二年に都市を去り、カンペチェ地域に住み着いた。のちに、マヤパンの都市同盟の時代である九九七年から一一九四年の二世紀の間に、マヤの再生が起きた。チャック・モールや羽毛の生えた蛇といった、現在の遺跡の特徴が残された時代である。もっとも、現在の遺跡が建造されている基盤の部分は、マヤ時代に属するのだが。マヤの再生が起きたのは、文明人ケツアルコアトルが、一見穏やかにメキシコ中央高原から侵入してきたためらしい。ケツアルコアトルは、中央高原の基幹的な標章である鷹と蛇を、この地域にもたらした。チチェン・イッァは、マヤパンとの市民戦争に敗れてから衰退の道をたどり始める。マヤパンはウシュマルとともに、マヤ都市同盟の三大統治都市だった。マヤパンの住民は、メシーカの傭兵に助けを求めて敵の軍勢を打ち負かし、敵軍を自分たちのところに連れていくと、一四四一年にマヤパンを支配していたココム家が内乱で滅ぼされ、ユカタン北部の中央集権政府が完全に滅亡するまで、ともに暮らした。

神殿や建造物について書くとしよう。まずは聖なる泉、セノーテだが、都市の北部にあって、現在は緑色の水で満たされている。その南側には小さな神殿があり、おそらくここから、祭儀用の品と一緒に生け贄が投げ込まれたのであろう。この泉からは大量の宝石が採取されたのだが、まだ途方もない数の宝石が眠っているに違いない。直径は四〇から六〇メートル、高さ一〇メートル、深さは二〇メートルある。もう一つ、シュトロックと呼ばれるセノーテが南のほうにあり、ここからは飲み水を採っていた。聖なるセノーテと違い、このセノーテには勾配の緩やかなスロープがあって、水際まで下りていくことができる。この都市最大のピラミッド、エル・カスティージョは、南へ五〇〇メートル以上離れており、メインブリッジはセノーテのほうを向いている。セノーテとピラミッドは、地面から五メートルの高さにある幅六メートルの通路でつながっている。エル・カスティージョはおそらく、建ったまま残っているピラミッドの中では最も古いものだ。各面九一段、全部で三六四段の階段からなっていて、一番上の一段を足して一年の日数を表しているとも言われている。建造物の一番上には、彫刻も少なくそれほど洗練されているとは言えない神殿が載っているが、石のスロープを下りていったところにある墓石で覆われた墓室には、考古学的価値の非常に高い彫刻や宝石がある。基礎部には、地下階段を通って墓室へと続く扉があり、そこで、モーリーが米州最高の考古学遺産であると評したもの、つまり斑点を模した翡翠の円盤が四三個はめこまれた、実物大の赤いジャガーが見つかった。僕にはそこまで価値のあるものとも思えないのだが。東へ一〇〇メートルほどのところには、チチェン・イッツァの建造物の中ではいちばん威厳と喚起力がある、戦士の神殿がある。上部には羽毛のある蛇の彫られた列柱があり、何と言ってもチャックモールがある。これは寝そべった姿のとても厳かな像で、おしりの近くに足を引きつけ、供え物を載せる皿を掲げている（実際には生け贄の心臓を載せる台として使われたと考えられている）。

戦士の神殿の脇には柱がずらっと並んでいて、そのためこの場所は千本柱の間と名付けられた。それからずいぶん崩壊した一連の建造物があるが、その中から二つか三つの球戯場と、蒸気浴場が見つかっている。エル・カスティージョから西に二〇〇メートルのところにあるのが一番大きい球戯場で、場内は一四六メートル×三六メートルという広さだ。壁にはめ込まれた石のリングが今も残っているが、生ゴムでできた硬球を手を使わずに肘か膝に当ててここに通さねばならず、ゴールするのがとても難しかったので、できた者はそこにいる人びとの宝石をもらえることになっていた。球戯場の東側にはジャガーの神殿があり、すでにかなり傷んでしまった壁画がある。エル・カスティージョの北正面には、ラス・ピーニャス、鷲の家、ツォンパントリ（生け贄の犠牲者たちの頭を保存した骸骨のある場所）（実際にあるのは骸骨のレリーフで、生け贄になった戦士たちの首が並べたれたと考えられている）といった、建築上はそれほどの重要性を持たない一連の遺構がある。さらに南へ行くと、現在のメリダへ至る幹線道路に沿って、モーリーが《高僧の墓》、メキシコ人考古学者たちが《納骨堂》と呼んでいるものがあり、大量の供え物が見つかったほか、真珠が発見された数少ない場所のひとつとなっている（パレンケの新しい墳墓では、涙に似た形の真珠が見つかっている）。現在は羽毛のある蛇の大きな頭像が二つと、四角形の柱が数本あるのみだ。そのほかには、鹿の神殿や、以前は赤い家と呼ばれていたチャックモール神殿などの、小さな神殿がいくつかある。この区域を通っていくと、規模や意義からいって主要な建造物のひとつであるカラコルまたは天文観測所にたどり着く。カラコルはマヤ人が宇宙研究を行っていた天文台だ。メインの建物を支える巨大な二つの基盤から成っている。メインは高さ一二メートルの塔で、今では部分的に損壊しているが、カタツムリ状の狭い階段を通っててっぺんまで登れるようになっており、また太陽光や月光や春分・秋分の光を通す窓がある。チチェン・イッァの南端には尼僧院があり、建物はかなり壊れているが、番人の姿をした美しい装飾がされており、壁画も残っている。東には、あまり大きな意味を持たないアカブジブという建物があるのだが、ここにも小さな壁画の残骸が残っている。

ウシュマルはチチェン・イツァよりもずっと近代的な都市で、シウ一族の長《おさ》でメシーカ出身の、アー・スイトック・トゥトゥル・シウによって一〇世紀に建設された。チチェンとマヤパンの間の戦争では中立を保ち、のちの一四四一年にはマヤパンの長を倒すのに貢献したが、すでにウシュマルを放棄してしまった。ここは本当に美しい都市で、芸術性ではパレンケには及ばないものの、チチェンよりはずっと柔らかな雰囲気がある。チチェンほど研究もされていないし、再建もされておらず、マヤ地域で最も美しいとされている《総督の館》などの非常に美しい建物があることを考えると、とても残念だ。もっとも、個人的には矩形の尼僧院のほうが好きだが。総督の館の建物は、長さが九五メートル、幅一二メートル、高さは八メートルあり、実に丁寧に作られている。ウシュマルでは、羽毛のある蛇やその他のアステカのモチーフはあまり見かけないが、ここの帯状装飾に見られるモザイクはどれもこれも、僕の目にはミトラ・オアハカ地域のサポテカやミルテカの細工と非常に似ているように見える。北のほう、総督の館の一隅には、小さな考古学的名品である亀の神殿がある。矩形の尼僧院は、八〇メートル×六五メートルの中庭を四つの翼が取り囲んでいる。南側にある台形の天井の大きな扉が入り口で、建築として非常に美しい女神の神殿（近年こう呼ばれるようになった）と向かい合っており、東と西の翼もまた、繊細な細工が施してある。この建造物のそばには、占い師の神殿と呼ばれる建物があるが、おそらくこれがこの都市で最も重要な祭礼用の建物だったのだろう。これらが主要な建物で、保存状態もいちばん良いものなのだが、北や北西のグループや記念碑のテラス、球戯場、墓所、西のグループ、鳩の家、大ピラミッド、南のグループ、老女のピラミッドなど、まだきちんと発掘・復旧されていない建物が山ほどある。

翌日（というより、同じ日の夜）には、ベラクルス行きの《アナ・グラシエラ》号に乗った。一五〇トンの小さなモーターボートで、一日は順調な航海だったが、もう一日は並の大きさの台風がきたせいで、さんざん揺られる羽目になった。ベラクルスで一日休息をとったあと、コルドバを経由してメキシコ市に戻った。コルドバには一時間だけ滞在し、街見物をした。大した街ではないがとても快適で、海抜八〇〇メートル以上の場所にあって、トロピカルな雰囲気なのに、さわやかな気候なのだ。小さなコーヒー畑がたくさんあった。その近くには、それよりずっと山がちで、そのためもっと陰鬱で寒々しいオリサバがある。ここを出たところにおまけのようにあるのがリオ・ブランコといって、何年のことだったか思い出せないが、米国企業による搾取を糾弾した労働者たちが大量虐殺されるという、歴史的事件が起きた場所だ。

重要な出来事はふたつだけある。そのうちのひとつは、僕が歳をとりつつあることを示すものだ。論文の校正を手伝ってやった女の子が、指導員の一人として僕の名前を載せてくれて（ここでは論文の献辞を大勢の人に宛てて書く習慣がある）、すごく嬉しくなってしまった。もう一つはとても素敵なことだ。メキシコで第三番目に大きい火山、イスタシワトルに行ったのだが、道のりはとても長く、なかには馬に乗っている人もいて、あれではいわゆるイジメだ。最初のうちは、一番調子の良い人たちと同じペースで歩いていたが、ある程度時間が経った頃に、マメを治療しようと五分立ち止まって、また歩き始めると、一行がかたまって歩いているところまで追いつくために大急ぎ

＊モーリーの著書『マヤ文明』にはウン・ウイツィル・チャック・トゥトゥル・シウとして登場する。（エルネスト・ゲバラ本人による注釈）

で走っていった。追いつきはしたものの、すっかり不機嫌になってしまい、しまいには疲れを感じ始めた。そのとき幸運にも、もう進めなくなってしまった女の子を見つけて、彼女（馬に乗っていた）の手助けをするという口実をつけてあぶみにぶら下がって行った。とうとう、夜明かしすることになっていたテントのある場所に到着したが、一晩中寒さに震え、ひどい寝心地だった。到着したときは地面は乾いていたのに、翌日目を覚ますと三、四〇センチ雪が積もっていて、さらに降り続いていた。いずれにしても登ろうということになったのだが、登山口にすらたどり着けなかったので、午前一一時には戻り始めた。

ホコリっぽく石がごろごろしていた道は、今やすっかり雪に覆われてしまっていた。僕はもともと足の血行が良くないので靴下を五枚重ねしていて、ものすごく歩きにくかったのだが、荷物運び用のラバを連れた荷車引きの男が平然と裸足で歩いていたので、きまりの悪い思いをした。森林地帯に到着したときの景色が一番美しかった。松に降り積もった雪というのは、なんだか素敵な感じだからだ。しかも始終雪は降り続いていて、この絵画のような景色を一層美しくしていた。くたくたになって家に着いた。

数回の失敗を重ねたあと、またイスタシワトルに行った。今回はこんな具合だった。九人で明け方に登山口まで行き、アゴの避難小屋目指してグビア山に沿って登り始めた。膝が伸びきってしまうぐらい、気が知れない行程だった。雪にアタックしたときは、二人が転倒した。僕は最後のグループに残ったのだが、僕と組んで登っていたやつが、氷河にアタックしそれが氷の塊だと分かったとたんにひっくり返り、僕一人うしろに取り残されて落っこちてしまい、氷から出ていた突起にひっかかって止まった。転落したことで、僕はすっかり慎重になってしまい、すごくゆっくり歩いていた。ガイドは僕のことを励まそうとし、落ちてしまったらどうしたらいいかを教えてくれようとした。無我夢中で氷にピッケルを突き立てようとしながら、僕の脇を矢のように通り過ぎていったが、八〇メートルほども転げ落ちたあと、断崖の近くでついに停止し、そこから思いっきり飛び降りた。ガイドが地面にたたきつけられたあと、僕らも全員うんと気をつけながら下り始め、登りより下りのほうが時間がかかった。ガイドがへとへとになってしまい、その後の下山道を間違えたので、登山口に帰り着いたのは午後の六時だった。

だいぶ時間が経って、いろいろな新しいことが起きた。一番重要な出来事だけを書いておこう。一九五六年二月一五日から父親になった。イルダ・ベアトリス・ゲバラが長女だ。僕はロカ・デル・セ・デ・メヒコのグループに属している。話のあった五つの仕事がだめになり、小さな会社にカメラマンとして就職した。写真芸術での僕の進歩はめざましいものがある。将来の計画は闇の中だが、いくつかの研究の仕事を終えたいと思っている。今年は僕の将来にとって大事な年になると思う。病院はもう辞めた。あとでもっと詳しく書くことにする。

グアロことエドゥアルド・ガルシア(右)とは、エクアドルからグアテマラまで旅した。

いずれも旅の途中でゲバラが撮影
したものだが、場所は不明。

上：グアテマラで、ロカルド・ロホ、ルスミラ・オエル、エドゥアルド・ガルシア、イルダ・ガデア、オスカル・バルドビーノスなどと共に。
下：ゲバラ撮影。場所は不明。

メキシコで。

メキシコで。

上：ゲバラが撮影したポポカテペトル山。
下：友人たちと共にポポカテペトル山に登る。右端がゲバラ。

上：チチェン・イツァの城。ゲバラ撮影。1955年。
下：チチェン・イツァの「戦士の神殿」。ゲバラ撮影。1955年。

チチェン・イツァの「球戯場」。ゲバラ撮影。1955年。

上：チチェン・イツァの「天文台」。ゲバラ撮影。1955年。
下：チチェン・イツァの「ジャガーの神殿」。ゲバラ撮影。1955年。

上：チチェン・イツァのオサリオ。ゲバラ撮影。1955年。
下：チチェン・イツァの「ジャガーの広場」。ゲバラ撮影。1955年。

上：チチェン・イツァの「聖なる沼(セノーテ)」。ゲバラ撮影。1955年。
下：チチェン・イツァの天文台から、「城」と「戦士の神殿」を展望する。ゲバラ撮影。1955年。

上：チチェン・イツァの天文台から「尼僧院」を見る。ゲバラ撮影。1955年。
下：ウシュマル付近の村の教会。ゲバラ撮影。1955年。

上：ウシュマルの「占いの神殿」。ゲバラ撮影。１９５５年。
下：ウシュマルの「総督の宮殿」。ゲバラ撮影。１９５５年。

上：ウシュマルの「総督の宮殿」。ゲバラ撮影。1955年。
下：ウシュマルの「チャック神」像と「ヴィーナスの神殿」。ゲバラ撮影。1955年。

ウシュマルの「尼僧院の中庭」への入り口。ゲバラ撮影。1955年。

上：カンペチェの市場からカテドラルを見る。ゲバラ撮影。1955年。
下：カンペチェにて。ゲバラ。1955年。

上：カンペチェの砦。地上の門。ゲバラ撮影。1955年。
下：カテマコ湖にて。ゲバラ撮影。1955年。

上：アジェンデからコアツァコアルコスを望む。ゲバラ撮影。1955年。
下：パパロアパン川上のアルバラード港。ゲバラ撮影。1955年。

上：パパロアパン川の岸辺にて。ゲバラ撮影。1955年。
下：小さな漁村、ボカ・デル・リオにて。ゲバラ撮影。1955年。

パパロアパン川をゆくフェリー上のゲバラ。1955年。

上：パレンケ遺跡。「碑銘と墓の神殿」を天文台から望む。ゲバラ撮影。19955年。
下：パレンケの象形文字。ゲバラ撮影。1955年。

上：パレンケの「首長の神殿」と「北宮殿」。ゲバラ撮影。1955年。
下：パレンケの滝。ゲバラ撮影。1955年。

パレンケの円形の浮き彫り。ゲバラ撮影。1955年。

右頁を含めていずれも、パンアメリカ大会のスナップ。ゲバラ撮影。1955年。

いずれも、パンアメリカ大会のスナップ。ゲバラ撮影。1955年。

ポポカテペトル山に登る。

メキシコ市では、街頭写真屋の仕事で生活費を稼いでいた。当時の仲間と。

ミゲル・シュルツ拘置所の中庭で。1956年。

ミゲル・シュルツ拘置所にて。左から、レイナルド・ベニーテス、ナポレス、ゲバラ、
アルベルト・バーヨ、ウニベルソ・サンチェス。1956年。

ミゲル・シュルツ拘置所の一角で被拘束者たちの記念撮影。メキシコ市での会合の場を提供したマリア・アントニアを囲んで、未来の「グランマ号」遠征者たちが集合している。最前列に横たわるのがゲバラ。1956年。

Más Aprehensiones de Conjurados Cubanos que se Dice Tenían Apoyo de Comunistas

El Coronel Bayo Giroud Está Dispuesto a Entregarse y a Responder de Todo el Plan

Importantes detalles arrojaron ayer las investigaciones acerca de la conjura para derrocar al Presidente de Cuba, Fulgencio Batista, cuya muerte también fué planeada.

1o.—El movimiento revolucionario para el cual eran preparados aquí en forma secreta técnicos y oficiales, fué patrocinado o inspirado por organizaciones comunistas, según la DFS.

2o.—Seis conjurados más, cubanos, han sido detenidos por la Dirección Federal de Seguridad, que se negó a confirmar oficialmente el dato.

MAS CONSPIRADORES CUBANOS DETENIDOS

UN MEDICO ARGENTINO LIGADO CON COMUNISTAS

19 de los Extranjeros Detenidos Salen Libres

Sólo Quedan Presos Ruz, Guevara y Otros que sí Violaron la ley

Diecinueve de los extranjeros detenidos por la conjura para asesinar al general Fulgencio Batista, Presidente de Cuba, fueron puestos en libertad por la Secretaría de Gobernación, ayer a las 20 horas, pero sujetos a vigilancia especial mientras se decide qué se hará en cada caso.

A LAS 17:30 EMPEZARON LAS DILIGENCIAS

1956年６月～７月のメキシコ各紙は、「キューバのバチスタ将軍暗殺を謀議していた」キューバ人亡命者やゲバラなど外国人19名の一斉逮捕、釈放、国外追放措置を大きく報じた。

付録

歴史的重要性から鑑みて、日記に書かれた出来事よりあとに家族に書き送られた手紙を付録として再録する。この日記は、未来の「グランマ号」遠征部隊の軍事教練に参加するという揺るぎない決心のために、未完となっているのが明らかだ。

また、メキシコの新聞に掲載された彼の逮捕と釈放措置を報じる記事も付け足した。

これ以降の注はエルネスト・ゲバラ・リンチによるものである。*Aquí va un soldado de América*, Editorial Planeta, Argentina, 1987.

母親への手紙

クスコ、(一九五三年八月)二二日

封筒の表をようく見てよね、母さん

もう一度クスコに舞い戻ってきました、今回はちょっぴりダンディに。でも感慨は違います。アルベルトは芝生に寝ころんで、インカの姫君たちと結婚し、帝国を取り戻そうと夢想していたものです。カリーカはというと、空にくっきり浮かび上がる大聖堂でも見上げていればいいのに、汚い汚いと文句ばかりを言って、道にぽつぽつと落ちている途方もない数の人糞を踏んづけては自分の汚れた靴を睨んでいます。カリーカには、クスコを形作っている、クスコ独特の微妙な物質のにおいが感じられないんです、彼に臭うのは食べ物と糞ばかりで。気性の問題でしょうね。

(ボリビアを)出て行く、出て行った、まだ行っていない、などなどと、明らかに矛盾した文面で手紙を書き送りましたが、それは、ボリビアの外から僕らの便りを受け取っていると思ってもらう必要があったからなんです。今にも反乱が起ころうとしていて、僕たちはその反乱を近くで見るためにボリビアに残りたいという健全な意図があったんです。でも残念なことに反乱は起きなくて、政府軍のデモを見られただけでした。いろいろ言われてはいますが、僕は、この政府はしっかりした基盤を持っていると思いますよ。

もうちょっとで、ある鉱山に働きに行くことになるところでした。でも一ヵ月以上滞在する気持ちにはなっていなかったし、少なくとも三ヵ月以上という条件だったので、やめにしました。

その後でティティカカ湖畔とコパカバーナへ行き、太陽の島で一日過ごしました。インカ時代の有名な神殿で、そこでは僕が探検家として熱望してきたことのうちの一つがかないました。先住民のお墓の中に、小指ほどの大きさの小さな女性の像を見つけたんです。ちっちゃいと言ったって、やはりあの有名なチョンピというインカ人の合金でできた偶像には変わりないんだから。

国境に着くと、交通手段がなかったので二キロほど歩かなければならず、爆薬も同然の本がいっぱいに詰まった旅行カバンを一キロほども運ぶ羽目になりました。二人ともへとへとになりながらたどりつきました。さながら、疲れきった荷担ぎ人夫風情といったところです。

プーノの税関では、アカの本だからと言ってボリビアの本を一冊没収されたせいで、ごたごたが持ち上がりました。学問的な書物だからと言ってもどうしてもやつらを説得することができませんでした。

僕のこれからについては母さんには何も言いません、だって僕にもさっぱり分からないんだから。ベネズエラでどういうことになるのかも分かりません。でもとりあえずはもうビザを手に入れました……ずっと先の話をすれば、意地でも一万USドル貯めて、たぶんラテンアメリカをめぐる旅行をもう一回するかな、でも今度は北から南へ、アルベルトと一緒に。それにヘリコプターでね。その後はヨーロッパに行って、その後は、どうするかな。

ティタ・インファンテへの手紙

リマ、九月三日

ティタ＊

僕の達筆であなたに手紙を書かなければならないとは恐縮です。タイプライターが手に入らなかったんだから仕方ない。まあ、いつか暇な日にでもこの手紙を読むのに専念してもらえるといいんだけど。

本題に入りましょう。お友達のフェレイラさんに、ボリビアの学校への紹介状をどうもありがとうとお伝えください。モリーナ先生はとても親切に接してくださり、僕と僕の旅の道連れのことを気に入ってくれたみたいです。僕の友達にはあなたも僕の家で会っていますよね。先生はすぐに、僕には鉱山での医者としての、カリーカには看護士としての仕事をあてがってくれました。僕たちはこの仕事を受けることにしました。ただし、三カ月は続けて欲しいと言われたのを一カ月にしてもらってね。準備がすべて整い、すっかり親しくなって、細かいことは翌日に会って決めようということになりました。次の日になってみると、モリーナ先生は鉱山地帯へ視察に行ってしまっており、二、三日しないと戻ってこないと分かって、僕たちはどんなに驚いたことか。その二、三日が経った後で行ってみましたが、モリーナさんからは何の連絡もなく、それでも二日以内には戻ってくるという話でした。彼に会いにどれだけ通い詰めたことか、数え上げたらきりがないでしょう。結局、二〇日経っても戻ってこなくて、僕らとしてももう、一ヵ月もいられなくなってしまいました、全部で二ヵ月も無駄にすることになってしまいますからね。そういうわけで、ウォルフラング鉱山の責任者宛に一筆書いてもらって、二、三日行って来ました。この鉱山は大変興味深く、それに何といってもまわりの景色が最高でした。旅行した甲斐がありましたよ。

ラパスでは食餌療法とかそんなめんどくさいことをすっかり忘れてしまったんですが、それなのに一ヵ月半の滞在中、体調は抜群でした。ユンガスなどの、首都からいくらか離れた近郊の町をいくつか訪ねてみました。ユンガスは、目を奪われるような熱帯の渓谷です。でも、興味深くて引き込まれてしまったのは、この国の政治的展望を見渡すことでした。実際、非常におもしろいんです。ボリビアは米州諸国にとって実に重要な見本となった国なんです。僕たちは政治闘争の実際の舞台とか、銃弾のもちうる効果とか、この間の革命で死んだ男の遺体とかまで目のあたりにしました。この死体は、ついこの間雪びさしの上で発見されたのですが、腰につけていたダイナマイトの弾薬筒が爆発したせいで、胴体がそこまで吹っ飛ばされたんです。つまるところ、死にものぐるいの戦いだったんですね。ここの革命はブエノスアイレスなんかの革命のやり方とは違う。二、三〇〇〇人とも言われる死者が（だれも正確な人数を知らないんだ）野ざらしになったままです。

＊ベルタ・ヒルダ（ティタ）・インファンテ、アルゼンチン共産主義青年の闘士で、医学生。エルネスト・ゲバラの親友だった。

戦いはいまなお続いていて、毎晩のようにどこかの党派の人間が銃弾によって負傷しています。でもこの国の政府は武装勢力の支持を得ていないので、外国の武装勢力に倒される可能性はなく、倒されるとすれば内戦によってのみでしょう。

ＭＮＲ（民族革命運動）は、ある程度はっきりした政治的傾向を持つ三つの勢力の連合体です。一つは、ボリビア革命の英雄で、現職のシレス・スアソ副大統領に代表される右派勢力。パス・エステンソロ率いる中道派は、おそらく最初のと同じくらい右寄りなんですが、実に微妙な勢力です。それから左派を率いているレチンは、真面目な要求を掲げている運動の指導者だというのは紛れもない事実なんですが、本人は成り上がりで女好きな、お祭り野郎ですよ。たぶん、最終的に政権を掌握することになるのは、武装した鉱山労働者の強い支持を得ているレチンのグループでしょうが、とりわけ、軍部が再編成されようとしている今のようなときは、政府内にいる彼らの同志による反発は、深刻なものになるでしょう。

さてと、あなたに少しばかりボリビアの展望についてお話ししましたが、ペルーについてはまた後で、もう少しここに住んでみてからということにしましょう。でもざっと見た感じ、ペルーにとって米国の支配は、たとえばベネズエラのような国で見られるにせものの経済的豊かさすら、意味してないようです。

僕自身のこれからの予定については、どこに向かうかもうひとつはっきりしていないし、ましてや時間的なことに関しては全然分かりません。キトまで行って、そこからボゴタに向かい、その後カラカスに行こうと思っていましたが、途中でどうなるかはさっぱり分かりません。ここリマには、またもやクスコ経由で入りました。

くどいようですが、できればすぐにでも、あのあたり、特にマチュピチュには行ってみることをお勧めします。絶対、後悔しないこと請け合いです。

僕が出発してからあなたは五科目はパスしたでしょうね、それに相変わらず排泄物の中の虫けらの採集なんかを続けているんでしょうね。まあ、専門は好き好きだとは思うけど、もしいつかあなたがその下水溝にこもったみたいな仕事をやめて世界を知る仕事に変える日が来るなら、

この男のことを思いだしておくれ
君のために命を賭ける運命のこの男のことを
そのときがきたなら
なんとしても君を支えるために

あなたに抱擁を、それからあなたが僕に手紙を書こうと思い立って、僕がその思い立った先にたどり着くそのときまで。

エルネスト

母親への手紙

グアヤキル　（一九五三年一〇月二一日）

僕の百パーセント冒険的な新しい状況から言って、母さんがいつ読むことになるか分からないこの手紙を書いています。最後に手紙で近況を知らせてから、ものすごくいろんなことが起こったんです。

ずばりこういうわけです。カリーカと、ガルシーア（堀出しもののうちの一つです）と僕は、ちょっとアルゼンチンのことを懐かしみながら歩いていました。パナマに発つことのできた仲間の二人はどんなにいい思いをしているだろうかということを話したり、××氏とのすばらしい面談のことなんかを話していました。母さんからもらったこの守護天使のことについては、また後で書きますね。つまり、ガルシーアが何気なく、自分たちと一緒にグアテマラにいかないかと誘ってきて、僕としては気持ちの面で、その誘いを受け入れる特別な準備ができていたんです。翌日に返事をするという約束だったカリーカが行くと言ったので、米国の面汚しになっている国に行く候補者が新しく四人になりました。でもそのときから領事館での不運が始まり、パナマ行きのビザをとるために毎日泣きついていました。ビザさえあれば良かったんです。あの手この手を使い、そのたびに期待が高まったり落ち込んだりしながら、結局彼らのほうではノーということに落ち着きそうでした。母さんの買ってくれた服、母さんの名作、母さんの大事な大事な真珠、みんな取り引きのなかで英雄的な死を遂げました。そして、荷物の中の不要品も全部同じ目に遭い、三人組*の本当にぎりぎりの（ため息が出るよ）経済状態をもたせるために、荷物はうんと減りました。

具体的にはこんな計画です。ちょっと友だちになった船長が、僕らが必要としているインチキに手を貸すと言ってくれれば、ガルシーアと僕はパナマに行けるでしょう。その後は、先にグアテマラに行った人たちが力を合わせてくれれば、またそれに加えて、グアテマラの人びとが協力してくれれば、借金のかたとして取り残されるもう一人（エレーラ）を引き入れてくれるでしょう。もし例の船長がへまをしたら、僕ら二人組は、ここに永久に借金の担保を残したままコロンビアに向かうことになってしまうでしょう。そしてそこからグアテマラへと出発することになるでしょう。道中、神様が見過ごしてくれれば、の話ですが。

グアヤキル、二四日、さんざ行ったり来たり、電話したり、それに加えてインチキもしたりしたあげく、パナマのビザを手に入れました。明日の日曜日に出発し、二九日か三〇日にはパナマにいることでしょう。急いで領事館に手紙を書きました。

エルネスト

＊三人組の構成員は、グアロ・ガルシーア、アンドリュース・エレーラ、エルネストだった。カリーカはベネズエラへ発った。

Nota del periódico La Hora

Dos estudiantes de Argentina visitaron anoche a "La Hora"

Visitaron ayer la redacción de "La Hora" los estudiantes argentinos Eduardo García, de la facultad de Derecho de la Universidad del Plata, y el Dr. Ernesto Guevara especialista en alergia y lepra.

Los jóvenes mencionados por medio de las páginas del periódico diferente saludan a los estudiantes panameños. La permanencia de los estudiantes argentinos en esta ciudad será corta. Su viaje es de buena voluntad y piensan visitar varios países de Centro América.

パナマ『ラ・オラ』紙の記事

「アルゼンチン人学生二人、昨夜『ラ・オラ』紙を訪問」

ラプラタ大学法学部のエドゥアルド・ガルシアとアレルギーおよびハンセン病を専門とするエルネスト・ゲバラ博士の二人のアルゼンチン人学生が『ラ・オラ』紙編集部を昨日訪れた。

青年らはほかの新聞の紙面を通じてパナマの学生に挨拶を送っている。このアルゼンチン人学生はこの街には短期的な滞在となる予定。親善旅行を行っており、中米の数カ国を訪問する予定だ。

河の巨人の周辺を概観して

アマゾン川とその支流は、南米大陸中央部に褐色の巨軀を横たえている。何カ月にもおよぶ雨季の間、すべての水脈が水かさを増し、セルバ（熱帯林）までも浸食してそこを水中動物や海中動物の棲みかに変えてしまう。川の流れがつくる茶色いシーツの上にぽつぽつと残ったシミのような陸地にだけ、陸上動物が逃げ込むことができる。ワニやピラニア、カネロなどが新しくトロンダの流れの危険な住人となり、ヤマネコやジャガー、ペッカリーに代わって、ジャングルの中に人が住み着くのを妨げる役目をする。

大昔、腹を空かせていらいらしたオレリャーナの軍勢が、泥で濁った大河を見渡し、即席の舟を連ねて海のほうへ下って行ったような時代から、人びとはこの巨大な河の正確な源流はどこなのかについて様々に推測を重ねてきた。長い間、マラニョン川が本当の源流だと思われていたが、近年の地形調査では、もう一つの強大な支流、ウカヤリー川の調査が進み、周辺地域を忍耐強くたどっていき、どんどん小さくなる支流に分割していった結果、アンデス山脈の頂上にあってアプリマック川の源泉となっている、ちっぽけな湖にたどり着いたのだ。最初こそサラサラ流れる小川でしかないアプリマック川は、後にその名にふさわしく山の中をごうごうと流れる川となる。何しろアプリマックとはケチュア語で、大ホエザルという意味なのだ。そこがアマゾン川の源流である。

しかし、ここでだれが山の清流などのことを思い浮かべよう？　この河が完全に巨人の範疇に入るまで成長し、果てしない静けさがセルバの夜を一層神秘的なものにしているこの場所で？　私たちはサンパブロにいる。ここはペルー政府が国境の果てに置いているハンセン病患者の居住区で、私たちは森の中心部へ入るための基地として利用している。

ハドソンが描いた極彩色の楽園としてのセルバのイメージにしろ、E・リベラが描いたほの暗いイメージにしろ、どんなセルバのイメージにおいても、最も小型で最も危険な敵、つまり蚊のことは軽く見られている。日が暮れると、七変化する雲霞のような大群が水面を漂い、そこを生き物が通るやいなや、襲いかかってくる。武器なしでセルバに入るよりも、蚊帳なしで入るほうがよっぽど危険だ。肉食獣が人間を襲ったりすることはまずないし、歩いて渡らなければならない沼のすべてにワニやピラニアが住んでいる訳でもないし、ヘビ類だって旅行者に飛びかかって毒牙を剝いたり死の抱擁で絞め殺したりはしない。だが、蚊は襲ってくる。全身を容赦なく刺しまくり、血を吸い取っていく代わりに鬱陶しい腫れ物だらけにしてくれるし、ときには黄熱病のウィルスを、またそれより頻繁にマラリア熱の原因となる寄生虫を、置きみやげにしていくのだ。

敵を見極めるには、いつも小さなところに目を配らなくてはならない。もう一つ、目に見えなくて強力なのがアンキロストーマ（鈎虫）といって、裸足の人びとのむき出しの皮膚を食い破って幼虫が入り込む寄生虫で、すべての器官をめぐったあと消化管に棲みつき、継続的に血液を吸い取って、重度・軽度の差こそあれこの地域の住民の大部分が煩《わずら》っている、深刻な貧血の原因となっている。

この地域の先住民であるヤグア人のあばら屋をめざし、先住民の作った曲がりくねった道筋をたどって、セルバの中を歩いていった。山は巨大で驚かされることが多く、騒音と静けさ、濁った水の流れと葉からしたたり落ちる澄んだ水の一滴など、すべてが見事に調和して互いに相反するようにできており、旅人は、重要性もなく自分の考えも持たない、ちっぽけなひとつぶの存在になってしまう。強力な感化力から逃れるためには、ガイドの太くて汗ばんだ首をじっと見つめるか、ヒトの存在を示しそれを支える共同体の力を想起させる、森の地面に残された足跡を見据えている必要がある。服がすっかり肌に張り付いてしまい、頭から全身滝のような汗が流れるようになったころ、私たちは小集落にたどり着いた。セルバが途切れた空間に、丸太の上に建てられた堀っ建て小屋が少しと、ここの先住民たちの基礎食料品であるユカ（タロイモ）の茂みがあり、これが彼らの財産なのだ。といっても、はかない財産で、雨でセルバの水脈が膨張し、彼らが高台に避難するときにはうち捨てて行かねばならず、ユカと椰子の実だけで生き延びねばならないのだ。

ヤグア人は日中、地面の湿気が届かないよう高床式にした、椰子の葉葺きの開け放たれた家で過ごすのだが、夜になると、丈夫な肌も体に塗りたくった不快な臭いの油も蚊の大群にはかなわず、椰子の葉で作った小屋に逃げ込まなくてはならない。この小屋は、同じく椰子の葉で作った扉でぴっちりと閉め切ることができる。一族の者は皆、夜のあいだじゅうこの避難所に閉じこもって過ごす。彼らの場合、どんなに取り散らかった環境の中で過ごしても、特に気分が害されることもない。私たちの常識となっている道徳観などは、この部族の世界では何の意味もなさないのだ。あばら屋の扉からのぞき込んでみたが、奇妙な軟膏と汗まみれの体の耐え難い臭いに、私などすぐひるんでしまった。

この人びとの生活は、自然が雨を通じて与える秩序におとなしく従うだけだ。冬の間はユカと夏の間に収穫したジャガイモを食べ、丸太をくりぬいたカヌーに乗ってセルバの茂みの間で釣りをする。彼らを見ているのは興味深い。何ものにも動じることなく、身じろぎもせず見張っており、右には小さな銛《もり》が立ててある。水は濁っていて何も見えないが、いきなり素早い動きで銛が水に沈み、水面はしばらく波打っている。その後は、細い棒に一、二メートルの糸でくくりつけられた小さな浮きが、水面の遙か下にあるのが見えるだけだ。櫂を強く漕いでカヌーを浮きから離れないようにし、魚が力つきて抗うのをやめるまで待つのだ。

良い季節にもやはり狩猟をして過ごす。ときどきは、いったいどんな怪しげな取引で手に入れたのやら、古びた猟銃で大物を仕留めることもあるのだが、通常は音の出ない吹き矢を好む。サルの群が木の枝の間を横切っていくときに、何匹かがクラーレ（麻痺作用のある毒）を塗った針で傷を負う。サルは叫び声をあげることもなく、不快な針を引き抜いて数メートル歩き続けるうちに、やがて毒が効き始め、生きたまま倒れてしまうのだが、物音を立てることはできない。騒々しい一群が通過しているあいだじゅう、吹き矢は断続的に発射され、傷を負った動物たちが落ちた位置の枝葉に、見張り役を務める狩人の妻が印を付けていく。悲劇のことなどつゆ知らず、最後のサルが遠ざかっていくと、狩人たちは一匹残らず獲物を拾って、共同体に食糧を持ち帰るのだ。

白人の訪問客がやってきたのを祝って、前述のようなやりかたで狩ったサルの一匹をプレゼントしてくれた。その場でしつらえたかまどで、アルゼンチンのパンパ流に動物を調理し肉を食べてみたのだが、固くて苦かったものの心地よい野生の味がしたし、先住民たちは私たちの味付けに大喜びだった。

プレゼントのお礼に、手持ちのソフトドリンクを二瓶あげた。先住民たちは貪るように中身を飲み干し、キャップには宗教で使う油を塗って、首から下げた、繊維で編んだ袋にしまいこんだ。この袋には、お守りや薬莢、種で作った首飾り、ペルーのソル紙幣といったような、一番大事な宝物を入れてあるのだ。

戻り際、夜になりつつあったせいで少し神経質になってきていたが、彼らの一人が近道を案内してくれたので、コロニーを金網で囲った安全な避難所に早く着くことができた。ヨーロッパ式に握手で別れたのだが、道案内の人はヤグア人が身につける唯一の衣服である民族衣装の繊維を一本、贈り物としてくれた。

ここまで山の危険や悲劇について大げさに書いてきたが、私たち自身で真実を確かめた経験がひとつある。セルバを歩くときには踏みならされた道から逸れては危ない、といつも言われているが、これは本当だった。ある日、滞在していた基地から比較的近いところで試してみたのだが、突然私たちは狼狽して顔を見合わせた。戻ろうとしていた道が、消えてなくなってしまったみたいだったからだ。もと来た道を戻ろうと慎重に探したのだが、無駄だった。

一箇所に一人のほうがじっと立って残り、もう一人がまっすぐに歩いていき、大声の聞こえる方角へと戻ってみた。こうやって一巡りやってみたのだが、うまくいかなかった。幸いなことに、こういう状況になることを見越して前もって知らせを受けていたので、ある特別な樹を探した。この樹の根っこは数センチの厚みの間仕切りのようになっており、ときには二メートルほども地面から突き出ていて、樹の追加の支えみたいだ。

普通ぐらいの大きさの棒きれを持って、植物でできた間仕切りを、渾身の力をふりしぼってたたき始めた。すると、それほど大きくないが非常に広範囲まで届く、くぐもった音が出た。火器をぶっぱなしても、その音は木立の間に吸い込まれてしまうので、こっちのほうがよっぽど効果的なのだ。間もなく、ばかにしたような笑みを浮かべた一人の先住民が猟銃を持って現れ、合図をして私たちを道に導いてくれて、身振り手振りで順路を教えてくれた。いったいどういうわけか、私たちは道から五〇〇メートルも離れてしまっていたのだ。

一般的に、セルバは食糧が豊富な極楽だと考えられているが、実際はそうではない。知識のある住民がセルバで餓死することは絶対にないが、不注意者が森の中で道に迷ったりした場合は、食糧問題は深刻だ。私たちが知っているような種類の熱帯の果物で、森の中に自生しているものはひとつもない。野生の食用植物では、ある種の根っこや椰子の実に頼るしかないが、経験豊富な人でなければ、よく似た毒性のある植物と見分けることはできない。折れた枝にヤマイノシシや鹿の足跡を見分けることに慣れている人や、動物の水飲み場のありかを知っていて、茂みの中をまったく音を立てずに滑り降りられる人でもない限り、狩りをするのもきわめて困難だ。釣りにしても、これだけ魚が多い場所なのに、魚が餌に食らいついてくる可能性はきわめて低く、銛で突く方法も難しいどころの騒ぎではないので、かなり複雑な技術になってくる。けれども、耕作された土地には、なんて大きなパイナップルがなり、なんてすごいパパイヤ、バナナがなっていることだろう！　ほんの少しの労働が、途方もない成功の見返りを受けるのだ。しかし、セルバの精神はそこに暮らす者にとりつき、セルバと一体化してしまう。食べるため以上には誰も働こうとしない。明日のことなど考えることなく、その日の糧のみを木々の間に探し回るサルや、食欲を満たすためだけに殺生するヤマネコと同じで、植民者もちょうど餓死しない程度に耕作するのだ。

周囲で研究をしたり散策したり、狩猟をしたりしているうちに、日々があっという間に過ぎていった。別れの時がやってきて、その前夜には私たちへの気持ちを示そうと、ハンセン病患者を満載した二隻のカヌーが、コロニーの健常者地区の船着き場に近づいてきた。アマゾンの夜、松明に照らし出された彼らのすごみのある顔貌は、なかなか強烈な光景だった。目の見えない歌い手が山や海の歌を正確に歌い、混成のオーケストラが必死でそれに伴奏していた。患者のうちのひとりが、別れと感謝の演説を披露してくれた。彼の簡単な言葉から深い思いがあふれており、それが夜の偉大さとひとつになっていた。たとえ興味本位でしたことであったとしても、彼らに歩み寄っていったという、たったそれだけのことが、この素朴な人たちからはこの上なく感謝されてしまうのだ。衛生法によって健常者の皮膚と病人の皮膚が接することが厳禁されているため、握手という形で示すことのできない愛情をせめてもの方法で表現しようと、やっとの思いでしかめっ面を作って見せて、セレナーデとお別れ会が終わった。音楽とお別れの言葉で、彼らに借りができてしまった。

水上の旅を続けるのに使っていた小さないかだは、いちばん大きなパイナップル、いちばん甘いパパイヤ、いちばん太った鶏を私たちにくれようと競り合ったコロニーの職員と患者たちからの食糧の差し入れで、足の踏み場もなかった。川のまん中へとそっと漕ぎ出すと、私たちの話し相手は川だけになった。

《川の後ろからセルバの歌声がやってくる
到着するいかだの上で和らげる痛みと一緒にやってくる
渦を巻く川の過酷な路を渡ってきた老練な船頭たちは
悲しみを飲み込んでやってくる》

二日間川を下って、目的地のコロンビアの都市、レティシアが見えてくるのを待っていたのだが、深刻な問題があった。私たちには、ウドの大木のようないかだを操ることができなかったのだ。川のまん中にいるうちは何の問題もないのだが、何かの理由で岸に近づこうとすると、流れとの激しい押し問答にになり、勝つのはいつも流れのほうで、流れの気まぐれでどこかの川岸へと近づけるまで、川の真ん中に釘付けにされているのだ。三日目の夜に、集落の灯りが見えたときもそうだった。私たちが死にものぐるいの努力をしたにもかかわらず、いかだは素知らぬ顔で自分の道を進んでいった。私たちの熱意に勝利の女神が微笑むかと思われたとき、丸太たちは回れ右をして、再び流れの真ん中のほうを向いてしまった。灯りが上流に見えなくなってしまうまであがき続け、定期的にやっていた見張りを放棄して、もう蚊帳の中に逃げ込もうとしたところ、おいしそうだった最後の鶏がびっくりして水に落ちてしまった。鶏は私たちより少しだけ軽々と流れに引っ張られていった。私は服を脱いだ。飛び込む準備はすっかり整い、二ストロークして捕まえるだけだったのだが、いかだが勝手に私にくっついてきた。何が起きたのかはよく分からない。夜と、あまりにも謎めいた川、妄想の中のことだったのかもしれないが一匹のワニの記憶。結局、私が自分自身に腹を立てている間に鶏は流れて行ってしまい、私はさあ飛び込むぞと思ってはまた思いとどまったりし、しまいにあきらめた。正直なところ、川で夜だったことで、怖じ気づいてしまったのだ。私は自然を前にして臆病者だった。その後、私たちは二人とも、ものすごく偽善的にも、かわいそうな鶏のひどい悪運に同情したのだった。

レティシアからカヌーで何時間も離れた、ブラジル領の岸辺に乗り上げた状態で、目を覚ました。この大河の住人は、親切なことでよく知られているが、彼らのおかげで私たちはレティシアまで運んでもらえた。

コロンビア空軍の《カタリーナ》号に乗って飛んでいるときに、眼下に巨大なセルバを眺めた。茶色い糸みたいな細い川がときたまあるだけの大きな緑色のカリフラワーが、上空から見ると数千キロも何時間も続いていた。だから、私たちが数カ月のあいだ親しく付き合い、その寛大さに心底頭が下がる思いをした巨大なアマゾンの大地は、ごく小さな一部分でしかないのだ。

下ではセルバの神カナイマの精霊が、梢の間から現れ川面を漂いながら、さよならという仕草で手を挙げていた。

エルネスト・ゲバラ・セルナ

マチュピチュ、アメリカの石の謎

エルネスト・ゲバラ・セルナ博士が『シエテ』誌に単独で寄稿した（一九五三年一二月一二日）。


野生の木々が生い茂る丘や切り立った斜面の一番上、海抜二八〇〇メートル、高い位置の三つの斜面を流れる水量の多いウルバンバ川より四〇〇メートル上に、すべてひっくるめてその土地の名前でマチュピチュと呼ばれている、最古の石の都市がある。

もともとこの名で呼ばれていたのだろうか？　否、このケチュア語の単語は《古い山》という意味で、この都市から数メートル離れたところにそびえる岩山、ウシナ・ピチュ（《若い山》）（ワイナ・ピチュの間違い？）に対してそう呼ばれているにすぎない。単に地形の起伏の特徴を表すだけの、物理的な形容なのだ。それなら、本当の名前は何なのだろう？　ここで一息おいて、歴史を遡ってみよう。

米州の先住民族にとって、紀元一六世紀はとても悲しい時代だった。髭もじゃの侵略者たちが大陸のいたるところに洪水のように押し寄せ、先住民の偉大な帝国は瓦礫と化した。南米の中心部では、故ワイナ・カパックの王位継承をめぐってアタワルパとワスカルの二人による内乱があったため、大陸で最も重要なこの帝国を破壊するのがより容易になったのだ。クスコを包囲していた危険な大群を鎮めておくために、ワスカルの甥のひとり、若きマンコ二世が即位させられた。この策は、予想もしない事態につながった。先住民たちは、スペイン人の重圧下でも可能な、インカ法に基づく正統性をすべて兼ね備えた明らかな指導者、スペイン人の意のままにならない王を手に入れたのだ。ある夜マンコ二世は、太陽の象徴である巨大な金の円盤を持ち出し、主立った首長を伴って姿を消した。その日以来、帝国の古い都に平和が訪れることはなかった。

現在は破壊されてしまっているが、クスコを守る要塞、古く重厚なサクサイワマンを拠点にして、武装した一味が領土内をうろつきまわったり、都市を包囲したりしたので、交通網も安全ではなかった。一五三六年のことだ。

大規模な反乱は失敗し、クスコ包囲は取り払われることとなり、ウルバンバ川のほとりの城壁に囲まれた都市、オジャンタイタンボの大戦では、先住民の王の軍勢が敗北を喫した。この闘いは最終的にはゲリラ戦となり、スペイン勢を相当悩ませることとなる。ある夜、酒に酔った征服軍の脱走兵が、ほかの六人の仲間と一緒に先住民の都のなかで保護され、王を暗殺してしまった。この脱走兵は不運な仲間とともに、怒り狂った家臣たちに惨殺され、家臣たちは彼らの首を切断し、見せしめとして槍の先に刺してさらしものにした。王の三人の息子たち、サイリー・トゥパック、ティト・クシ、トゥパック・アマルは、次々に王位についていては死んでいった。しかし、三人目のトゥパック・アマルの死は、王の死以上の何かを意味していた。インカ帝国が完全に崩壊したのだ。

融通の利かない当時の副王、フランシスコ・トレドはこの最後の王を捕らえ、一五七二年、クスコの中央広場で処刑した。短い期間だけ王座についた後、太陽の処女の神殿に幽閉されて暮らしたインカ王の人生は、こんな悲劇に終わった。しかし最後の時には、過去の過ちの汚名を返上するような男らしい訓辞を臣民に捧げ、その名は米州独立運動の先駆者、ホセ・ガブリエル・コンドルカンキの別名トゥパック・アマル二世として、受け継がれることになった。

スペイン王国の代理人たちにとっての危険はなくなったので、作戦基地、つまり厳重に保護されたビルカパンパの都市を探し出そうなどと、誰も思いつかなかった。ここの最後の王は捕らえられる前に基地を放棄してしまい、都市はそれ以来三世紀にわたる空白の期間を過ごし、その間は都市のまわりを完全な静寂が支配することになる。

イタリアの学者、アントニオ・ライモンディが、一八世紀後半に一九年の歳月をかけて全土をまわったとき、ペルーの領土の大部分はヨーロッパ人の踏み込んでいない処女地のまま残されていた。確かにライモンディは考古学を専門としてはいなかったが、深い学識と学問的能力によって、インカ史研究を大きく前進させた。ペルー人の学生たちは、記念碑的な著書『ペルー』に導かれて知られざる祖国の中心部に目を向け、世界中の学者が、かつての偉大な民族の過去の調査に、再び情熱が傾けられていくのを感じたのである。

二〇世紀はじめ、米国の歴史家ビンガム教授がペルー領までやってきて、ボリーバルのたどった行程を調査しているときに、訪れた地域のとてつもない美しさの虜になり、インカ文化という魅惑的な課題に取り組みたいという誘惑にかられた。ビンガム教授は歴史家としての自分と冒険家としての自分を満足させ、四人の反乱王の作戦基地となった、失われた都市を探すことに専念した。

インカ人にはビトコスという名の軍事政治都市と、もう少し離れたところにはまだ白人がだれも足を踏み入れたことのないビルカパンパという聖地があったということを、カランチャ神父の年代記などを通じて知っていたビンガムは、これらのデータをもとに探索を開始した。

上っ面だけでもこの地域のことを知っている人なら、彼の始めた作業がいかに計り知れないものかが分かるだろう。ビンガムは住人の言語も心理も知らないまま、揺るぎない冒険心と鋭い直感とたっぷりのドル札という三種の神器を携えて、入り組んだ亜熱帯の森に覆われ、非常に危険な激流が流れる山岳地帯へと踏み込んでいった。

辛抱強く、金と引き替えに秘密や情報をひとつひとつ買い取りながら、消滅した文明の内部へと入り込んでいき、数年にわたる骨の折れる仕事の末、一九一一年のある日、新しい石の塊を売っていたひとりの先住民の後をいつものように付けていくと、ほかの白人を伴っていなかったビンガムは、偉容を誇る遺跡をひとりで目撃して、恍惚となった。遺跡は生い茂った雑草に取り囲まれ、ほとんど隠れていたが、彼を歓迎していた。

ここからが悲しいところだ。すべての遺跡から雑草が取り除かれ、完璧に調査され、記録され……研究者の手中に落ちたものは、すっかり持ち去られてしまったのだ。研究者は、計り知れない価値を持つ、そしてむろんかなりの金銭的価値を持つ考古学の宝物が詰まった二〇〇以上の箱を、自国に持ち帰ったのだった。ビンガムが悪いのではない。客観的にいって、米国人一般にも罪はない。マチュピチュの発見者が指揮した程度の代行販売を行う経済的能力すらなかった政府も、やはり悪くはない。それでは、誰にも罪はないというのか？　そう認めざるを得ないだろう。しかし先住民都市の宝物を鑑賞し研究したければ、どこに行けばいいのだ？　答えははっきりしている。米国の博物館だ。

マチュピチュはビンガムにとってただの発見ではなく、勝利を意味していた。この手の学問に夢中になる人びとは、たいていが大きな子どものようなのだが、その大きな子どもの純粋な夢に栄冠が与えられたのだ。そこには勝利と失敗の長い道のりがあり、灰色の石の都が見果てぬ夢と眠れぬ夜をもたらし、ときには実際に体験したことから大きく飛躍した比較や推測に駆り立てられたりした。探索の年月と、そののちの勝利の年月は、旅好きな歴史家を博識な考古学者に変身させてしまい、旅行中に自力で集めた豊かな経験に支えられて、彼の主張の多くは、学問の世界でも比べようのない強さで位置づけられた。

ビンガムの意見によると、マチュピチュはケチュア人の最初の定住地であり、クスコ建設以前に拡張の中心となったところだ。インカ神話を読み解いていき、崩壊した神殿の三つの窓が、インカ帝国の伝説の人物、アイユス兄弟が出てきた窓と同一のものであるということが分かった。発見された都市の円形の塔と、クスコの太陽の神殿との決定的な類似性を発見した。遺跡で発見された、大部分が女性のものだった骸骨は、太陽の処女たちの骨であるということが分かった。つまり、すべての可能性を真剣に分析していった結果、次のような結論にたどりついたのだ。発見された都市は、三世紀以上前にはビルカパンパと呼ばれ、反乱君主たちの聖地であり、古くはインカ王パチャクティの敗れた軍勢の避難所となった場所だった。虫ケラどもの軍勢に敗北したあと、帝国が復活するまで、パチャクティの遺体はこの都市に保存された。しかし、どちらの場合においても、このタンプ・トコが最初の中心地であり聖地であったことを考えれば、負けた兵士たちの避難所はこの場所にあったはずで、トレド副王の命令で口を割った有力な先住民たちが歴史家サルミエント・デ・ガンボアに告げたように、クスコの近くのパカル・タンプにあったのではなかったはずだ。

最近の研究者たちは、この米国人考古学者の意見にあまり賛同していないが、マチュピチュの意味するところが何なのかについて、最終的な結論は出ていない。

まるでおもちゃみたいな喘息持ちの鉄道に数時間ゆられて、最初は小さめの川の流れに沿っていき、その後ウルバンバの川岸を通って壮大なオジャンタイタンボの遺跡を通り過ぎ、最後にウルバンバ川に架かる橋にたどり着く。曲がりくねった道は、八キロ走るうちに川から四〇〇メートルの高さにまで上がり、ソト氏が経営する遺跡のホテルへと続いている。ソト氏は、インカ帝国については類い希な知識を持っており、歌もうまく、回帰線で過ごす素敵な夜に、滅びた都市の魅惑的な趣を一層高めるのに一役買っている。

マチュピチュは丘の上に建設されており、周囲二キロメートルの広さがある。一般に三つの地区に分けられる。神殿の地区、重要人物の居住地区、そして庶民の居住地区である。宗教目的の地区には、白御影石の大きな塊《かたまり》でできた見事な神殿の遺跡があり、ビンガムの神話的考察に役立った三つの窓がついている。高い施工品質を持つ一連の建物の上には、太陽が係留する場所であるインティワタナがある。高さ六〇センチほどの、石の指のかたちをした先住民の儀式用の土台で、倒壊していない数少ない一点である。何しろスペイン人たちは、インカ帝国の要塞をひとつ征服するやいなや、このシンボルを徹底的に壊して歩いたのだ。

王族の建物は計り知れない芸術的価値を示しており、その中には先にも名前を挙げた円い塔や、一連の石造りの橋や水路、施工や石の細工の点で際立った住居などがある。

おそらく庶民専用だったろうと思われる住居では、石の磨き方に入念さがないところに、大きな違いが見てとれる。ここは、主立った井戸がある小さな広場というか平らな場所によって、宗教地区とは切り離されている。井戸はすでに干上がっており、有力な仮説によるとこのことが、永住地としてのこの土地が捨てられた理由のひとつだとされている。

マチュピチュは石段でできた都市だ。ほとんどすべての建造物が異なる階に建っており、互いに階段でつながっている。あるものは見事に磨き上げられた石でできた階段で、またあるものはそれほど美的情熱を傾けることなく並べられた石でできているが、いずれも厳しい気候に耐えられるように作られている。都市全体が同様で、失われているのは自然現象に立ち向かうにはひ弱すぎる藁葺きや丸太でできた屋根だけなのだ。

今も完璧に保存されている段々畑を耕作して収穫した野菜で、食糧需要は満たされていたものと思われる。

二面がほとんど垂直に切り立った山腹から成り、三つ目の面は防衛し易い細い道を使ってのみ通行できる狭い道になっており、四つ目の面はワインカ・ピチュに面しているので、この都市の防衛は非常に容易だった。ワインカ・ピチュは、対になる山よりさらに二〇〇メートル高い頂で、登るのは難しく、旅行者にはほとんど不可能と言っていい。インカ帝国時代の道の跡が残っているので、断崖絶壁をまわりながらどうにか頂上にたどり着けるのだ。大きな建物がないところを見ると、この場所はもっぱら監視用だったようだ。ウルバンバ川が二つの山をほとんど完全にぐるっと囲んでおり、侵攻軍にとっては、ここを討ち取るのは実質的に不可能なのだ。

マチュピチュの考古学的意義については、議論されている最中だということはすでに述べたが、この都市の原初の起源が何だったのかはたいして重要でないし、いずれにしても、そんな議論は専門家に任せておけばいい。確かで重要なのは、私たちはここで、米州で最も強力だった先住民文明の純粋な姿を、目前に見ることができるということなのだ。この文明は征服者の軍勢に汚されることなく、息絶えた城壁の間や、訳もなくここの遺跡の間をさまよい歩く夢追い人、あるいは実用主義の米国人旅行者を魅了するのに役立つ周りの見事な景観のなかに、膨大な量の追憶の宝物を持っている。米国人旅行者というのは、かつては息づいていた城壁の中で、旅行中に目にする退廃した部族の典型を非難し、自分たちを隔てている道徳観の違いのことも知らないのだ。なぜならそれは、半分は先住民のものであるラテンアメリカ人の魂のみが理解できる繊細なものなのだから。

今のところは、考え得る二つの意義をこの都市に与えるだけでよしとしよう。今日では妄想と呼ばれているものを追い求める戦士にとっては、未来に向かって片腕を突き出し、大陸中に届く石の声で《インドアメリカの市民よ、過去を征服せよ！》と叫ぶものであり、単に《俗世間の喧噪から逃れたい》だけの人びとにとっては、帝国主義時代への苦々しい郷愁のありったけを込めて、あるイギリス人がホテルのゲストブックに書き残した、《コカコーラの宣伝のない場所を見つけた俺はラッキーだ》という言葉がぴったりだろう。

母親への手紙

母さん*

別に父さんを喜ばそうとしてこういう書き出しにした訳じゃないよ。少しはましな状況になりそうな兆しがあって、お金の面では将来の見通しはそんなに暗いものじゃなくなりました。最悪な悲劇のことだって話してあげるよ、だって事実なんだから。それに父さんも僕のことを、これしきのことぐらい耐えられる、十分強い男だと認めてくれてるものだとばかり思っていたから。おとぎ話のほうがいいんだったら素敵なのを話してあげられるんだよ。連絡せずにいた間に、僕の生活には

＊一九五四年四月末ごろの手紙と思われる。

こんな展開がありました。リュックと書類入れを持って、徒歩とかヒッチハイクとか、はたまた政府にもらった一〇ドルでお金を払ったりしながら（おお恥ずかしい）、行ってきました。エルサルバドルに着いて、グアテマラから持ってきた本が何冊か警察の差し押さえにあったりもしたけど、僕自身は通過できて、グアテマラに再入国するためのビザが手に入りました。今度のはまっとうなやつです。それから、トラスカルテカ人の一族であるピピルという人びとの遺跡を見に行きました。ピピルの中心はメキシコにありましたが、南部を征服するために南下していき、スペイン人がやってくるまでの間、ここに住み着いていたのです。マヤの建造物とは似ても似つかないし、ましてやインカのものなんかとは全然違います。その後は、実に見事なホンジュラスの遺跡を訪ねるために頼んであったビザの問題が解決するのを待つ間、海辺で数日を過ごしました。海岸で手持ちの寝袋で眠ったので、ここでは確かに最良の食餌療法こそできませんでしたが、健康きわまりない生活だったから、体調はずっと上々でした。日焼けで火ぶくれになった以外はね。何人かの青年と友達になりましたが、中米ではどこでもそうだけど、彼らもまた大酒飲みで、僕もお酒のせいで開けっぴろげになって、ちょっとばかりグアテマラの宣伝をしてみたり、こってりとした詩句を披露したりしました。しまいには警察のやっかいになってしまいましたが、ひとかどの人物といった風采の司令官に前もって諫言を頂戴してから、夕暮れどきのバラとかなんとか、そのほかの美しいものについて詠うように、とすぐに釈放してくれました。ソネットでも詠んで煙に巻いてやったほうが良かったんだけどね。ホンジュラス人は、僕がグアテマラの住民であるというだけの理由で、ビザを発行してくれませんでした。ほかに、そのころホンジュラスで行われていたストライキを見に行くという、健全な目的があったということを母さんに言っておかなきゃならないんですが。このストライキでは労働人口全体の二五パーセントが労働をストップしているのです。どの国の数字であったとしても高い割合なんですが、ストライキ権がなく労働組合が地下組織であるような国にしてみれば、とてつもない数字です。ユナイテッド・フルーツ社は怒号をあげんばかりの剣幕だし、もちろんダレスやCIAは、米国は何年も前から鉄砲の弾一つ売ろうとしないので、売ってくれるところならどこからでも武器を買い付けるなどという凶悪な犯罪に手を貸して、グアテマラに干渉しようとしています。

もちろん、あそこに残ろうなんて考えてもみませんでした。帰りは、半分打ち捨てられたような道路を通って、ほとんどカラッケツの状態で戻りました。ここでは一ドルは一アルゼンチンペソとほとんど同じ価値で、二〇ドルあったって大したことはできないんです。ある日などは五〇キロ近く歩いて（五〇キロはたぶん嘘だけど、とにかくたくさん歩いたんだよ）、何日も経ってから、小さいながらも美しい遺跡がいくつかあるユナイテッド・フルーツ社の病院に行き当たりました。ここでは、それまで米州主義《アメリカニスモ》がじゃましてて納得できずにいたことを、完全に納得させられてしまいました。つまり僕らの祖先はアジア人だということです。（アジア人がいまに親権を主張し出すだろうって、父さんに言ってやって。）その証拠に、浅い浮き彫りの仏像が数体描かれているし、どの文字も古代ヒンドスタン文明の文字とうりふたつなんです。美しい場所で、僕も胃袋に対してシルベストル・ボナールと同罪を犯してしまったほどです。一ドル強もはたいて、フィルムを買い、カメラを借りたんです。その後病院で食事をせびったんだけど、僕のラクダのこぶの半分しか満たすことができませんでした。グアテマラまで鉄道で戻らなければならないというのに文無しになってしまったので、プエルト・バリオスに身を投じてタール入りの樽の積み下ろしの仕事をし、ものすごい数の蚊に刺されながら、なんと一二時間の重労働の末にやっとこさ二・六三ドルを稼ぎました。手はぼろぼろになるし、背中はもっと気の毒な状態になりましたが、正直言ってかなり満足しました。夕方の六時から朝の六時まで働き、海辺の廃屋で眠りました。その後グアテマラに帰り、ここでは前より見通しが明るくなっています。

……(わざとへんてこな言葉遣いをしたわけじゃなくて、隣で言い合いをしている四人のキューバ人のせいなんだよ)(……中略)。この次はもっとゆっくりとニュースを知らせるね、ニュースがあればの話だけど……。みなさんに抱擁を。

母親への手紙

一九五四年四月

母さん

ごらんの通り、ペテンには行きませんでした。雇ってくれるはずだったいかさま野郎に一カ月も待たされて、しまいには僕のほうから、もう待てませんと言うしかなくなってしまったんです(……中略)。

そいつには薬やら医療器具やら何から何までリストにしたものを見せてあったし、この地域でいちばんたくさんの症例が見られる熱帯病の診断には万全の態勢だったのに。もちろん、僕にしてみればどっちみちこれは役に立つんです、とりわけ、あるバナナ林地帯の果物会社で働くチャンスがある今なんかはね。

ただペテンの遺跡だけは行っておきたいな。あそこにはティカルという都市があって実に見事だし、ピエドラス・ネグラスというもう一つの都市は、ティカルと比べれば重要度はずっと落ちるけど、マヤ芸術はそこで最高峰に達したんだ。ここの博物館に保存してある戸口の飾りは、すっかり傷んでしまってはいるけれど、世界中どこへ持っていっても真の芸術品といえるものだよ。

親愛なるわれらが友、古代ペルー人は、この地域に見られるようなきわめて細工のしやすい石灰質の石も、熱帯的な感性も持ち合わせていなかったので、ここの人たちに匹敵するようなものは何ひとつ作れなかったんだ（……中略）。

国を出てきてよかったという思いがますます強まっています。医学的な知識の面では成長していませんが、その反面、医学なんかよりずっと興味深い、別の種類の知識を吸収していっています（……中略）。

本当に、母さんたちに会いに行きたいです。でも、いつどうやって行くのか、全く見当もつきません。こんな状況で先のことを話すなんて、でっち上げの夢物語を話すようなもんだよ。いずれにせよ、（はっきりした状況として）果物会社で雇ってもらえたら、ここで抱えている借金とあっちに残してきた借金を返して、カメラを買って、ペテンに行って、という具合に使おうと思っています。それから北へ高飛びするつもりです、つまりメキシコへ(……中略)。

母さんが僕のことをそこまで買ってくれてるなんてうれしいよ。とにかく、将来、文化人類学専門で働く、というのはあまりありそうにないね。死んでしまって手の打ちようのないものの調査を人生の《指針》にするなんてのは、ちょっと逆説的な感じがするんだよね。二つだけ、はっきりしていることがあります。一つは、もしも僕が三五歳ぐらいになって本当に創造的な段階に入ったなら、僕の専業は、または少なくとも主としてする仕事は、核物理学か遺伝子学か、あるいは今ある分野の中から最も面白い分野を統合したような、そんな分野のものになるだろうということです。二つ目は、米州は僕が考えていたよりもずっと重要な性質を持った冒険の舞台となるだろうということ。本当に米州のことが分かるようになってきたと思うし、自分は地球上のほかのどんな国民とも違う特徴を持った、米州人《アメリカーノ》だという気がするんです。当然、世界のほかの場所にも行ってみるつもりだけど(……中略)。

僕の日常生活については、とりたててお話しするようなことはほとんどないです。午前中は衛生局に行って研究室で何時間か働き、午後は図書館に行ったり博物館に行ったりして、グアテマラのことを何かしら勉強しています。夜は医学の文献や何かほかの本を読んだり、手紙を書いたり、つまり家での仕事をしています。手元にあるときはマテを飲むし、同居人のイルダ・ガデアと果てしのない議論に花を咲かせたりしています。彼女はアプラ党員なので、僕独特の穏やかな口調であんなくそ政党なんかやめちまえと説得しているんですが。少なくとも彼女は高貴な心を持っています。彼女の助けは毎日の生活の随所に感じられます(家賃から始まって)。

母親への手紙

一九五四年五月一〇日

母さん

(……中略)

アサードの味がする未来も見えるのですが、グアテマラ独特の手間取りがあったものの居住権についても話が進み、たぶん一カ月以内には、親切なお隣さんにくっついて行かなくても映画ぐらい見に行けるようになるでしょう。父さんにはもう話したと思うけど、約束してあることがあります。ごく簡単にだけど、僕の計画についても話してあります。一五日に、今の下宿を出て、この辺を通りかかった同郷人からもらった寝袋で野宿を始めることに決めました。こうすれば、どこでも好きなところに行ってみることができるでしょう。ただ、今が雨期のペテンにだけは、こういう風にしては行けませんが。それに、火山のどれかにも登れるかなと思っています。前々からずっと。母なる地球(なんて美しいんだろう)の扁桃腺を覗いてやりたいという願望があったんだ。ここは火山地帯で、お好みのままの火山があります。僕の好みはシンプルなやつです。あんまり高すぎず、活動的すぎず、という具合の。グアテマラでは、なろうと思えばすごい金持ちにだってなれるよ。でもそれはへつらってあさましい手続きをして学位を認定してもらい、診療所を開きアレルギー専門医になればの話なんだけど（ここにはそういう厚かましい同業者があふれかえってるよ）。そんな真似は、僕の中で争っている二人の僕、つまり社会主義者と旅人の、両方の僕に対する最もおぞましい裏切り行為になるでしょう（……中略）。

愛のこもった、そして湿った抱擁を、ここでは一日中雨が降っているから（マテがあるうちはロマンチックなんだけどね）。

母親への手紙

一九五四年六月二〇日

母さん

この手紙は母さんの誕生日より少し遅れて届くだろうから、僕のせいでちょっぴり不安な誕生日を過ごすことになってしまうかもしれませんね。今のところは何も心配はいらないよ、だけどこの先もそうだとは言い切れない。ただ、僕自身が狙われるようなことはない気がしますが。（狙われる、というのは適当な言葉ではないけど、たぶん潜在意識が僕に悪さしてこんな言い方をさせたんでしょう）。状況を手短かに説明しますね。五、六日前に初めて、ホンジュラスから飛んで来た戦闘機がグアテマラの領空を侵犯しましたが、そのときはホンジュラス側は何もしませんでした。

翌日から数日間、ホンジュラス軍はグアテマラ領内の各地にある軍事施設を砲撃し、二日前には、一機の戦闘機がグアテマラ市の貧民地区を機銃掃射し、二歳の女の子が殺されました。この事件がきっかけとなって、全国民と、僕みたいにグアテマラに惹かれてやってきた者全員が、グアテマラ政府のもとに団結しています。これと時を同じくして、何年も前に反逆罪で罷免された元陸軍大佐の指揮する傭兵部隊が、ホンジュラスの首都テグシガルパを出発し、そこから国境まで移動して、今やグアテマラ領にかなり侵入してしまっています。米国に侵攻国として宣告されてしまわないよう、グアテマラ政府はきわめて慎重に振る舞っており、テグシガルパに対して抗議の意を示したり、国連の安全保障理事会に事態の全容を報告するにとどめ、偶発的な国境紛争だという、見え透いた言い草を許さないように、侵略軍がぎりぎりのところまで入り込んでくるままに放ってあります。アルベンス将軍が果敢な人物あるということは疑う余地もありません。必要とあれば殉職する覚悟です。最近の彼の演説では、もともと誰もが承知していたこういうことを再確認して、落ちつきを取り戻しました。危険なのは現在グアテマラ領内に入り込んでいる軍隊の総数ではありません。こんな部隊は最下級のものですからね。また、民家を爆撃したり、誰かに銃撃を加えたりすることぐらいしかしない戦闘機でもありません。グリンゴ（ここではヤンキーですが）が国連にいる自分の子分たちをどう操るかが危険なんです。なぜなら、いくら根拠のないものであっても、宣告をされてしまうと、攻撃側にとって非常に都合のいいことになってしまうからなのです。ヤンキーたちは、ルーズベルトがつけた善人の仮面を完全にかなぐり捨てて、この地域で横暴の限りを尽くしたり、口を挟んだりしています。事態が極限に達し、戦闘機や、ユナイテッド・フルーツ社や米国が送り込んでくる最新鋭の軍隊相手に戦う必要に迫られれば、戦うでしょう。グアテマラ国民はきわめて意気盛んで、これほどまで恥知らずな攻撃に国際ジャーナリズムのつく嘘も加わったせいで、無関心だった人びともみな政府と団結し、本物の戦闘気運が高まっています。僕はもう緊急医療支援サービスに携わるための名簿に載っているし、軍事教練を受けて何にでも出動できるように、青年団に登録してきました。大事に至るとは思えないけれど、その辺は、確か明日召集されることになっている安全保障理事会が済めば分かるでしょう。いずれにせよこの手紙が届く頃には、母さんたちもこの段階でいったいどうしたらよいのかが分かっていることでしょう。

そのほかはたいして変わりありません。この何日かはアルゼンチン大使館が閉鎖されているので、先週もらったベアトリスと母さんからの手紙の後は、目新しい知らせが届いていません。

厚生省での仕事のことは、そのうちに働かせてくれると言っているんだけど、そこの事務所も一連のごたごたですごく忙しくなっていたので、彼らが何倍も重要な問題を抱えているところへ、仕事なんてねだりに行くのもなんだかちょっと不謹慎な気がしてね。じゃあ母さん、この一年いろいろあったけど、どうかこの上なく楽しいお誕生日をお過ごしください。できるだけ早く、お便りします。

チャオ

母親への手紙

一九五四年七月四日

母さん

何もかも、あんまりいい夢を見ているような感じだったので、もう目なんか覚めなくてもいいやと思ってしまいましたよ。事態の流れはいろいろで、旧体制を最も強く支持していた人びとにごほうびの一斉射撃が加えられるのが、今に聞こえ始めるでしょう。軍が裏切り行為を働くのは毎度のことで、民主主義の本当の原則には軍の解体を含めなくては、という格言がまたもや立証されたんです（こんな格言などないとしたら、僕がそう信じてるんだよ）。（……中略）

まあはっきり言えば、アルベンスが状況の変化に臨機応変に対応するすべを知らなかったということです。

すべてはこんないきさつで起こりました。

前もっての宣戦布告も何も形式に則ったものがないまま、ホンジュラス側からの侵攻があってから（いまだにでっち上げの国境侵犯に対して抗議していますが）、戦闘機が飛んで来て町を爆撃していきました。戦闘機も対空砲も防空壕も持たない僕らは、全くの無防備でした。ごくわずかですが、死者も出ました。けれども国民や、とりわけ《勇敢で忠実なグアテマラ軍》は、パニックに陥りました。また米国からの派遣軍が大統領と面会して、本格的にグアテマラを爆撃し廃墟にしてやるぞと脅迫しました。ホンジュラスとニカラグアの宣戦布告だって、互恵条約があるのを理由に米国が利用するに違いないでしょう。軍は完全に怖じ気付いてしまい、アルベンスに対して最後通牒を突きつけました。

町が反動主義者であふれかえっていること、そして家を失うと言ったって、それは失うものなど何もない、政府を擁護している国民のほうではなく、反動主義者たちのほうだということまでは、アルベンスは頭が回りませんでした。朝鮮半島やインドシナの前例があるというのに、武器を取った国民が無敵の勢力となることが分かっていなかったんです。国民に武器を与えるべきだったのに与えたがらず、その結果がこれです。

僕はというと、すでにささやかな仕事を手に入れていたのですが、すぐに失業してしまったので、また振り出しに戻ってしまいました。ただし何をおいても返済するぞと決心したので、もう借金はありません。あるいい友達が恩返しをしてくれたおかげで、快適に生活しており、なにも不自由ありません。今後どうするかは全然分かりませんが、たぶんメキシコに行くだろうという気はしています。ちょっと恥ずかしい話ですが、この数日間、ばかみたいに心が踊りました。戦闘機が飛んできたとたん、人びとが狂ったように逃げまどうのを見たとき、また停電の中で町が蜂の巣にされているとき、前の手紙で書いた、あの魔法のような不死身の感覚がわいてきて、うれしくて舌なめずりする思いでした。話のついでに言っておくと、軽爆撃機もそれなりにすごく迫力があります。僕がいたところから割と近い標的のうえを遠ざかっていく一機を目にしたんですが、機体が刻々と大きくなって来るのが見え、比翼が断続的に火を吹き、散弾とそれを発射している軽散弾銃の轟音がとどろくのが聞こえました。いきなり、空中に一瞬水平に静止したかと思うと、続いて急旋回し、爆弾のせいで地面が轟音をあげるのが感じられました。今はすべて片が付いて、勝利を祝福するために、そしてやつらが共産主義者と呼んでいる前政権の人びとを全員リンチにかけるために、地面からアリのように這い出してきた反動主義者たちが鳴らす爆竹の音が聞こえるのみです。大使館は満杯状態で、中でもメキシコ大使館とアルゼンチン大使館は最悪の状態です。こういうことはみんなすごくいい運動になるんだけど、明らかに、少数のよく肥えた人たちにはだまして運動させるつもりだったんだよ。

この政権がどうなっていくのか知りたいですか？　ならいくつか情報を流してあげましょう。最初に侵略者たちが占拠した町のうちの一つは、労働者がストライキを行っていたユナイテッド・フルーツ社の所有地でした。到着後すぐストライキの終結を宣言し、指導者たちを墓場へ連れていって、胸に手投げ弾を投げつけて殺してしまいました。ある夜、町が暗闇に包まれ戦闘機が飛び回っているときに、大聖堂からベンガル花火があがりました。一回目の神への感謝は司教が捧げ、二番目はユナイテッド・フルーツ社の顧問弁護士であるフォスター・ダレスが捧げました。七月四日の今日は、完璧に整えた厳かなミサが執り行われ、新聞はどれもこの日のために常識はずれの言葉で米国政府を祝福しています。

母さん、この手紙をどうやって送るか考えてみます、というのは、もし郵便で送ったりすると神経を切られてしまうからね（信じるか信じないかは母さんの自由だけど、ここの大統領は、この国は神経がちゃんと通った国だと言っていたよ)。みんなに大きな抱擁を。

おばのベアトリスへの手紙

一九五四年七月二二日
ベアトリスおばさんへ
(……中略)
ここでは銃撃や爆撃があったり、演説が行われたりして、僕の単調な生活に終止符が打たれ、何もかも大変面白かったです(……中略)。
まだ何日かは決めていないけど、数日中にはメキシコに向けて出発するつもりです。メキシコで鯨のネックレスを売ってひともうけするんだ(……中略)。
どちらにしても、次に戦闘が起きたら駆けつけようと思ってるから、注意を払っているつもりです。だって、どこかしらで戦闘が起きるのは間違いないからね。何しろヤンキーどもは、どこかしこで民主主義を擁護して歩かないと気が済まないんだから(……中略)。
冒険家の甥っ子から、強い抱擁を。

母親への手紙

一九五四年八月七日

母さん*

（……中略）僕のグアテマラでの生活のことについてはもう何もお話しすることはありません、なぜなら生活のリズムはすっかり、ヤンキー独裁下に置かれた植民地そのものになってしまったからです。ここでの僕の用事は済んだから、メキシコに逃げ出すことにするよ（……中略）。

両親への手紙

一九五四年八月

父さん、母さん

（……中略）

＊この手紙と次の手紙は、原本では一通となっている。

アルゼンチン大使館に避難し、好待遇を受けましたが、公的な被保護者リストには載りませんでした。騒ぎはもうすっかりおさまったので、数日中にメキシコに出発しようと思っていますが、あらためてお知らせするまでは、ここ宛に手紙をください（……中略）。

僕宛てに山ほど服を送ってきてくれたけど、僕のことでずいぶんたくさんのお金を使ったんだね。こんな言い方はちょっと〝きざ〟かもしれないけど、僕はそんなことをしてもらうのにふさわしくないんです（実際、近いうちにふさわしい人間に変身できそうな気配もないし）。服は全部は使わないと思う。荷物は少なく、健脚と托鉢僧のような胃袋を持て、というのが僕の最近のモットーだからね。僕のグアテマラの同志に謹んで抱擁を捧げてください、それからあなたたちの元に着く若者たちにできるだけ良くしてやってね。

これがみんな平静に戻って、別な調子でことが運ぶようになったら、父さんたちにももっとすっきりした手紙を書こうと思っています。みんなにこの長男からの抱擁を。驚かしてばかりでごめんなさい、でも僕のことは忘れてください。いつだって、思いがけないことが起きるものなのです。米州では餓死する人なんていないし、たぶんヨーロッパでもそれは同じことでしょう。

チャオ、エルネスト

友人のティタ・インファンテへの手紙

一九五四年八月、グアテマラにて

ティタ

すべては遣いの人が最終的にどこに向かうかに左右されているので、あなたがこの手紙をいつ受け取ることになるのか、そもそも受け取れるのかどうか、それすら分かりません。だからここではに何がどうなったのかについてはいっさい書かないことにします。僕はただ、あなたをこの遣いの人に紹介したいだけなのです（……中略）。彼は、グアテマラからの亡命生活を送る間の祖国として、アルゼンチンを選んだ医学生です。アルベンスが失脚するまで忠実に協力していたブルジョア政党の一つに属していた人で、グアテマラをうろうろしていた僕たちのような半亡命アルゼンチン人たちの行く末を案じてくれたのです。だからこそ、彼にいろいろ助言して助けてあげてほしいし、必要なことがあったら力になってあげてほしいのです。何しろ初めてパンパへ行って貧乏生活をするとあって、当然いろいろ行き詰まることがあるだろうから。

この紹介状があなたの元に届く前にきっと手紙を書くでしょうし、今は自分のことは何も書かないことにします。ちなみに僕は、メキシコを目指す自主亡命を続けます。メキシコからはヨーロッパまでひとっ飛びし、またできれば、中国に行きたいのです。

世界のどこかで本当に抱きしめることができるその日までは、手紙の中であなたの友達からの愛情のこもった抱擁をお受け取りください。

エルネスト

グアテマラのジレンマ

エルネスト・ゲバラ・デ・ラ・セルナ

この米州大陸を旅したことのある人ならば、明らかに民主主義的ないくつかの政治体制について、軽蔑的な言葉が吐かれるのを耳にしたことがあるだろう。これは、スペイン共和制の時代とその崩壊に由来している。スペイン共和制については、この体制はホタ（スペインのアラゴン、バレンシア、ナバーラ地方の民族舞踊）を踊るぐらいしか能がない愚か者たちがつくったものだったが、フランコが秩序を取り戻してスペインから共産主義を追放したのだ、と言われていた。その後、時間が経つにつれて、この意見にはいっそう磨きがかかり、認識も画一化されて、息絶えた民主主義にさらに石を投げつけるような、だいたい次のような成句まで出た。《あそこには自由《リベルター》などなかった、あったのは放埒《リベルティナーヘ》だけだ》。新しい時代が訪れるのかもしれないという夢を米州に与えてくれた、ペルーやベネズエラやキューバの政府も、同様に定義された。そうした国々の民主主義勢力は、高い代償を払って抑圧の技術を学んだ。封建的ブルジョア階級と外国資本の利益保護に必要な秩序を維持するために、罪のない犠牲者たちが大勢生け贄として差し出された。愛国主義者たちも今や、血と武力をもってしか勝利は手にできないということ、決して裏切り者を許してはならないということを学んだ。正義による米州統治を保証するには、反動的な勢力を一掃するしかないということを学んだのだ。

グアテマラを評して《放埒》という言葉が再び使われるのを耳にしたとき、この小さな共和国のために恐怖を感じた。この国とボリビアで結実した、ラテンアメリカ人の夢の復活は、前例となった国々のそれと同じ道をたどる運命にあるのだろうか？　ここにジレンマがあるのだ。

政権を支える基盤を形成しているのは四つの革命政党だが、そのうちPGTを除くすべての政党が、二つ以上の敵対する派閥に分裂している。内輪もめのせいでグアテマラ人の目標など忘れ去ってしまい、内部で繰り広げられる論争のほうが、封建主義という昔ながらの敵に対してよりももっと熾烈なのだ。そうこうしているうちに、反動勢力は罠を仕掛けていく。あの北の国ではどっちがどっちかなど区別もつかないが、米国国務省あるいはユナイテッド・フルーツ社が、地主や偽善的なブルジョワジーや信心面をした連中と堂々と手を組み、カリブ海の真ん中に吹き出物のように出てきた高慢ちきな敵を黙らせようと、ありとあらゆることを企てている。相当恥知らずな干渉も許されるような流れにもっていくための裁定が下るのをカラカスが待っている間、解雇された軍人や恐れをなしたコーヒー農園主などは、となり近所の悪質な独裁者たちと手を組もうと模索している。

完全に言論の自由を奪われた周辺諸国の新聞は、たった一つの許可された音符で《指導者》への賛歌を奏でるぐらいしかできない一方で、グアテマラでは、《独立系》で通っている新聞が、政府とその擁護者に対する見え透いた大嘘の洪水を巻き起こし、思うままの空気を作り出している。しかも、民主主義がそれを許しているのだ。

《共産主義勢力のメッカ》は、見事なほど単純かつ気楽に構えており、自らの民族主義的な基盤が弱まっていくのを傍観している。米州の夢をまたひとつ、見殺しにしようとしているのだ。

同志よ、ついこのあいだのことを少し振り返ってみたまえ、逃亡したり殺されたり囚われの身となった、ペルー・アプラ党の指導者たちのことを。ベネズエラの民主行動党の指導者たちのことを。バティスタによって暗殺された、立派なキューバの青年たちのことを。詩人で兵士だったルイス・ピネーダの体に開けられた、二〇もの穴のことに思いを馳せてみたまえ。ベネズエラの牢獄によどんだ毒気のことを考えてみたまえ。恐れることなく、しかし注意深く、良い見本となっているこれらの過去を振り返り、そして答えるがいい。《グアテマラの未来も同じなのか?》という問いに。

そのために、これまで戦ってきたのか、そして今も戦っているのか? ラテンアメリカの希望を現実のものとする人間は、大きな歴史的責任を負っている。もう遠回しな言い方はやめるべきときがきたのだ。暴力には武力でもって応えるべきときがきたのだ。そして、もし死が避けられないものであるのなら、その死はアサーニャのような死ではなく、サンディーノのような死でなければならない。しかし、裏切りの武力がグアテマラ人の手によって使われてはならない。自由を殺してしまいたいのなら、自由を隠そうとしている者たち自身に手を下させるべきだ。生ぬるいやり方ではだめだ。裏切りは許すな。ひとりの裏切り者の血が流されないがために、人民を擁護する多くの勇敢な人びとの血が流されるようなことがあってはならない。米州グアテマラのとある詩人が用いた、ハムレットの古い二者択一の問いを、私はつぶやく。《あなたは生きているのか死んでいるのか、それともあなたは誰なのか?》。グアテマラ政府を支持している勢力が、その答えを握っている。

(一九五四年末)

母親への手紙

母さん

(日付では混乱させちゃったね)

(……中略)

ベアトリスおばさんまでが仕返しを誓ったみたいで、これまでみたいに電報を打ってきてくれなくなっちゃったよ。僕の生活についてお話ししようにも、何にも新しいことをしていないから、同じ話の繰り返しになってしまいます。相変わらず写真で生計を立てていて、近いうちにやめられそうだという確かな希望はありません。でも午前中は毎日、ここの二つの病院で検査の仕事をしてますけどね。一番期待できるのは、首都近郊でもぐりの農村医としての仕事を手に入れることだけど、そうすれば数カ月の間、もう少し落ちついて医学に取り組むことができます。どうしてそんなことをするのかと言うと、いま、米国で教育を受けた、正統的な医学の知識をしっかり身につけた人たちと自分を比べてみて初めて、ピサーニ先生からアレルギーについてどんなに学べたかが完璧に分かってきたからなんです。ピサーニ先生の方法論はこのどれよりもずっと進んでいると思うし、どんなところでも通用するように、ピサーニ先生のやり方をマスターしておきたいんだ（……中略）。（……中略）何しろ午前中はいつも病院詰めで、午後と日曜日は写真を撮り、夜は少しばかり勉強しているので、この上なく忙しいです。母さんにはもう話したと思うけど、なかなかのアパートに住んでいて、自炊したり全部一人でやっています。使い放題のお湯があるおかげで、毎日お風呂にも入っているし。そういう点では僕も変わったけど、ほかの点では相変わらずで、服はあんまり洗わないし、洗ったとしてもひどい洗い方。クリーニングに出すほどの余裕はまだないんだ。

奨学金は夢物語で、もうあきらめました。こんな広い国では人に頼んで待っていてはだめで、自分でどうにかしないといけないみたいです。知ってのとおり、僕はいつでも思い切った決断をするのが好きで、その点ここはほんとすごいよ。みんな怠け者だけど、だれも他人がやることに反対しないから、ここでも、たぶん行くことになる田舎でも、やりたいことがやれる。当然、このことで僕の最終目的地がヨーロッパであるということを見失いはしないし、どんな手段を使ってでも、行ってやろうと思ってるよ。僕の米国嫌いはほんの一グラムも減っていないけど、ニューヨークぐらいはよく知っておきたいですね。それでどういう結果になるかなんてぜんぜん恐くないし、絶対、入国するときと同じぐらい反ヤンキー主義のまま出てきますよ（もし入国できればの話だけど）。

どんな方針でやっていこうとしているのかは分からないけれど、人びとが少しでも目覚めてくれるのは嬉しいです。こうして外から見たアルゼンチンの全般的な展望はというと、かなり顕著な足どりで発展していると言えるし、ヤンキーたちがエサをふんだんにばらまいて引き起こそうとしている経済危機にも完璧に対処できるだろうけど、結局のところ、正直に言ってアルゼンチンはこの上なく面白味のないケースですね（……中略）。

共産主義者たちには、母さんが思うような友情という感覚はありませんが、仲間内では、母さんと同じかそれ以上の友情を持っています。それはこの目ではっきり見たし、グアテマラで政変が起きて以降の大惨事の中で、皆が自分の命を守ることだけで精いっぱいのときに、共産主義者たちだけは信条と同胞意識を失わず、彼らだけが、そこでも働き続けたんです。

彼らは尊敬に値する人びとだし、いずれは僕も共産党に入ろうと思っています。今のところ、僕が入党しない最大の理由は、ヨーロッパに旅行したいという思いがとてつもなく強くて、厳しい規律の中に入ってしまってからでは、そんなことはできそうにもないからです。

母さん、パリから手紙を書きますね。

母親への手紙

母さん

僕は本当に手紙を書くことに関してはどうもだめですが、いつものことながら悪いのはドン・ディネロ《お金》なのです。僕にとって一九五四年は経済的に恵まれない年で、おかげで母さんの顔と同じようなひどい扱いを受けたよ、でも、この一年の終わりと同時に、長く続いた僕の空腹も終わりを迎えることになりそうです。ラティナ通信社で編集の仕事が手に入り、七〇〇アルゼンチンペソに相当する七〇〇メキシコペソを稼げるのです。これで生き残りのための経済的基盤ができるし、しかも一週間に三回、三時間しか拘束されないんです。おかげで、ピサーニ先生の方法が大当たりしている病院での仕事に、午前中全部を費やすことができます。(……中略)

写真は続けていますが、《研究》なんていうもっと重要なことに取り組んでいます。それに、ここら辺で持ち上がる奇妙な事なんかにも首を突っ込んでいます。それで得られる副収入は大した額ではありませんが、このラッキーな一二月のうちに、一〇〇〇ペソある借金を全額返したいんです。それから、もし幸運が僕に味方してくれるようなら、来年末(初めと言いたいところなんだけど)には小さな写真スタジオを開きたいなあ。まさかと思うだろうけど、僕はおおかたの写真家と比べても遜色ない腕前だし、写真仲間の間では確かに一番うまいんですよ、本当に。この仲間内では片目でなくとも王冠は手に入りますからね。

ここしばらくの予定ですが、メキシコは興味深いしとても気に入っているので、六カ月ぐらいは滞在しようと思っているところです。そのあいだに、アレバロの言うところの《超大国の寵児たち》を訪ねるためにビザを申請しようと考えています。もしビザがとれれば、米国にいるだろうし、とれなければ、どうするのが確実か考えてみるつもりです。また何が起きているのかを見るために、鉄のカーテンの向こう側*に直接出向くということも、いつも考えに入れています。ごらんの通り、前に言ったことでは特に変化なしです。

学問の面ではとても燃えていて、僕ってこういうことは長続きしないので、この機会を逃してはならないと思っています。調査研究を二つやっているところで、たぶん三つ目にもとりかかるでしょう。どれもアレルギーに関するもので、とてもゆっくりとではありますが、ここ何年かのうちに日の目を見ることになる本（本に目があればの話ですが）の題材を集めている最中です。この本には、『ラテンアメリカにおける医者の役割』という、もったいぶった題名をつけています。このテーマに関しては、僕はそれなりに権威をもって発言することができます。医学のことはあまり良く分かっていないけど、ラテンアメリカのことはかなり見抜いているからです。もっとも、書けているのは研究概要と三、四章分だけなんですが、僕には時間があり余ってますからね。

母さんが目立ってきたと言う考え方の相違についてだけど、きっとしばらくの間だけのことだと思いますよ。母さんがそこまで恐れている、こういう考え方を持つように至るのには、二つの道筋があるんですよ。素直に納得するというのは肯定的な道筋だし、すべてに幻滅することによって、というのは否定的な道筋です。僕の場合は二つ目の道筋でたどり着いたけど、その後すぐに、一つ目の道筋をたどらなくてはいけないってことを確信したんです。グリンゴたちが米州を扱うやり方を見ていたら（グリンゴっていうのはヤンキーのことだからね）どんどん腹が立ってきたけど、同時に、どうしてそんな行動をとるのか、その理論を学んだら、それが理にかなったものだと分かり

＊ ソビエト連邦のこと。

ました。それからグアテマラの事件とか、説明の難しいことがいろいろ起きたんです。つまり、ある人間が情熱を注いだものすべてが、いかにして権力者たちのせいで力を失っていき、共産主義犯罪説がいかにして新たにでっち上げられ、同じグアテマラ人の中の裏切り者たちが、新しい体制の中でちょっとばかりの甘い汁を吸わんがために、いかにしてそういうことすべてのプロパガンダに加担していったかを、この目で見たんです。一体自分がいつ、理屈を捨てて信条のようなものを持つようになったのか、だいたいのところすら母さんに言うことはできません。何しろずいぶんと長い道のりだったし、逆戻りもいっぱいしたものですから（……中略）。

母親への手紙

一九五五年九月二四日

母さん

どうやら今回は僕の心配が当たってしまい、母さんが長年憎んできた敵が失脚しましたね。ここではすばやい反応が起きています。どの新聞も外国公館も、腹黒い独裁者の失脚を大喜びで報じています。今は幸運にもアルゼンチンから四億二五〇〇万ドルを取り上げることができるので、米国人たちは安堵の溜息です。メキシコの大司教はペロンの失脚に満足しているし、僕がこの国で知り合いになったカトリック教会の関係者や右派の人たちもみな喜んでいます。僕の友人たちと僕自身は違います。僕たちはみな、当然のことながら不安でいっぱいになりながら、ペロン政権の行く末を見守っています。そして海軍艦隊がブエノスアイレスを砲撃するんじゃないかという脅威を感じています。ペロンは没落貴族のような失脚ぶりでした。バルガスのような死後の尊厳もなかったし、アルベンスのように侵略の責任者を微に入り細にわたって名指しで激しく告発したりもしませんでした。

ここでは、進歩主義の人びとはアルゼンチンの政変を《ドルと剣と十字架のもう一つの勝利》と定義しています。

母さんは今頃大喜びで、自由の空気を味わっていることでしょうね（……中略）。

ついこの間、別の手紙で、階層支配を認めてもらえない限り、軍部は民間に権力を渡しはしないだろうと書きました。今のところは民主党系政権にしか権力を渡さないでしょうね。つまり、最近できたばかりの社会・キリスト教主義政党のどれかから出てくる政権にしか。……は、そういう政党で活動しているんでしょうね、彼は将来誉れ高き下院議員となるでしょう。下院にはそのうちに、たぶん……も、アルゼンチン主義政党の指導者として、土台を据えることになるんでしょうね。母さんは権力を握っている階層の一員だから、絶対に罰せられないという保証があるので、言いたいことをどこでも何でも口にすることができるでしょう。でも母さんはそういう人びとに与しないものと期待しているけどね。正直に言えば、ペロンの失脚のせいでひどく落胆しています。彼のためにではなく、これが米州全体にもたらす意味のためです。母さんには気にくわないことかもしれないけど、最近のように力ずくでねじ伏せようとしたにもかかわらず、敵は北にありと思っている僕たち全員に対し、アルゼンチンは庇護を与えていたからです。グアテマラの苦々しい日々を身をもって体験した僕にとっては、あれはさながら遠くから模写しているようなものでしたよ。そして事実に忠実なニュース（こんな呼び方は変だよね）と一緒になって、理論上は占拠されていたコルドバからの声も届いてくるのを見たときには、僕も状況を読み間違い始めたんだけど、後は何もかもが全く同じ顚末でしたよ。大統領が辞任し、評議会が開かれ、交渉を始めましたが、抵抗という立場にたっての交渉でした。その後それも終わり、グアテマラのケースにはなかった唯一のおまけの情報として、若い水兵を伴った一人の軍人がのし上がってきて、そうするとコペジョ枢機卿が誇らしげに、また新しい評議会で自分の交渉がどういう具合に運ぶかを計算しつつ、国民に向かって言葉を投げかけました。世界中の新聞は——というか、こちら側世界の新聞は——有名な雄叫びをあげ、評議会はペロンに旅券を与えるのを拒絶し、そのくせすべての人の自由を宣言しました。母さんみたいな人たちは、新しい夜明けの光を見るような思いでしょうね。絶対、フロンディシにはもうそんな光は見えていませんよ。だって、急進派が台頭するとしたら、その仕掛人は彼でなく、ヤダロラとかサンタンデールとか、軍部だけではなくヤンキーと聖職者の利益にも貢献する誰かほかの人間になるだろうから。たぶん最初のうちは、暴力を目にすることはないでしょう、母さんからは離れたところでやるだろうから（……中略）。

共産党は徐々に蚊帳の外となっていくでしょう。そしておそらく、父さんですら自分は間違っていたと感じる日が来ることでしょう。その間に、放浪の息子はどうなることやら。もしかすると（一つきりの）生まれ故郷に腰を落ちつけるかもしれないし、本当の闘いを始めるかもしれない

（……中略）。

もしかすると、カリブ中を飛び交っている銃弾の一発にでも当たって命を落とすようなことになるかもしれないし（滅多にあり得ないようなことでもないけど、でも具体的にそういう可能性があるというわけでもないんだ、何しろここいらではよく弾が飛んでくるからね）、それともたぶん、きっちりとした知識を身につけるのと、一生の間にやろうと決めた分だけ好き勝手するにはある程度の時間が必要なので、その間はただ単に放浪を続けるかもしれない。真剣に理想を追い求めるために人生を捧げてしまう前にね。物事は猛スピードで進んでいるから、来年になったら自分がどこにいてどんな主義主張を持っているかなんて、誰にも予告できないんだよ。

僕の結婚と、後継ぎの誕生についての正式な知らせが、みんなに届いたかどうか分かりません。ベアトリスの手紙から察するに、届いてないみたいだね。もしそうなら、母さんに新しいニュースを公式に教えてあげるから、ほかの人と分かち合ってください。イルダ・ガデアと結婚しました。そしてもうしばらくしたら子どもが生まれます。ベアトリスから新聞を送ってもらいましたが、すごく興味深いです。ここ何日かの分も送って欲しいです。特に、『われわれの言葉《ヌエストラ・パラブラ》』*は毎週欲しいです。

チャオ

家族みんなにキスを送ります。イルダがみんなによろしくと言ってます。

＊アルゼンチン共産党が定期発行していた機関誌。

母親への手紙

一九五六年七月一五日、メキシコにて*

【母さん、手紙を受け取りました。ずいぶん、ひどい郷愁にかられていたんですね。母さんの言うことはかなり当たってるし、僕自身母さんのことをいろいろ知らなかったんだなあと思いましたよ。】僕はキリストでも博愛主義者でもないんですよ、母さん。キリストとは正反対だし、博愛主義なんか僕から見れば……*2、信じていることのためなら、十字架やら何やらに磔になる代わりに、手近な武器は何だって使って闘うし、相手をやっつけてやろうとするよ。ハンストのことについては、母さんは完全に間違っている。二回やってみたけど、一回目の時は逮捕された二四人のうち二一人が釈放されたし、二回目は、運動の指導者であるフィデル・カストロの釈放が布告されて、明日がその日なんだ。布告通りになれば、刑務所に残っているのは僕たち二人だけになる。イルダがそれとなく言ってるみたいに、残っている僕たち二人は生け贄だなんて、母さんには思って欲しくないです。ただ単に、【ろくな条件の】書類がなかったというだけのことで、仲間たちが使ったような方策を生かし切れなかったんだ。悪い評判が米州大陸中に広まってしまったおかげで難しくなったけど、僕を保護してくれる一番近い国に出ていって、そこで、役に立てるときに備えて待機するというのが僕の計画なんだ。もう一度言っておくけど、ちょっとばかり長い間手紙を書けなくなる可能性が大きいよ。

母さんがこういうことを全然何も理解してくれてないことや、節度を持てとか自分のことを考えろとか、人間の性質の中でも最も憎むべきものについて、いろいろ忠告してくるのには、【本当に】愕然とするよ。僕には節度なんかないし、絶対にそんなもの持たないように心がけるつもりだよ。そしてもし自分の中で、臆病に捧げられたろうそくの火に神聖な炎がとって変わられたのを自覚したりすることがあったら、僕にできるのはせいぜい自分の糞の上にへどを吐くことぐらいだね。母さんは慎みを持って自分のことも考えなさいなんて言うけどね、××さんの美徳だかなんだか知らないけど、そんなものは結局は低俗で臆病な個人主義なんだよ。言っとくけど、僕はそんな存在は自分の中からうち消そうとたいへんな努力したんだ。その何とかいうしみったれのことじゃなくって、周りのことなんて気にも留めない、勘違いかどうか分からないけど僕自身の不屈の精神を自覚することでうぬぼれていた、もう一人のさすらい人のことをね。刑務所の中で過ごしたこの何日間かと、それ以前の訓練の日々には、理想を同じくする仲間たちと僕とは、完全に一心同体となっていた。以前はばかげて見えたというか、少なくとも奇妙に感じられたある言葉を思い出すよ。それは、一つの戦闘部隊のメンバー全員が、あまりにも完全に一体となっているということを言っているものだった。つまり、《私》という概念が完全に消滅して、《われわれ》という概念にすり変わっ

＊個人文書保管所にある原本の写し。照合の際、いくつかの修正と【】で示された追加が行われた。
＊2 ここの文字は解読不可能。

たというのだ。あれは共産主義精神だったんだ。もちろん、教義上の誇張とも受け取れるだろうけど、実際そんなふうに、《われわれ》というふうに感じることができるのはすばらしかったし、今だってすばらしいと思えるよ。

（シミは血の涙じゃなくって、トマトジュースだよ）

母さんの大きな間違いは、《節度》あるいは《節度ある利己心》から大発明や芸術的傑作が生まれるなんて思ってるところなんだ。どんな大作にも情熱が必要だし、革命にだって情熱と大胆さがたっぷり要るんだ。それは人類全体として僕たちが持っているものだよ。母さんのことでもう一つ変だと思うのは、父なる神様のことを繰り返し引用することだ。母さんが若き日の囲い場に戻っていってしまわないことを祈るよ。それから予告しておくけど、母さんたちがあげたSOSは何の役にも立たないよ。プティは怖じ気付いてしまったし、レシーカは危ないまねはしなくて、（僕の命令に逆らった）イルダには、被収容者となった政治家の義務についてお小言をたれてくれたよ。ラウル・リンチは、遠くの方から立派にやってくれたよ、パディージャ・ネルボは、管轄外だとさ。みんな助けてくれようとはしたけど、僕の理想をきっぱりと捨てる、というのが条件だったんだ。母さんだって、悪人として生き延びている息子より、自らの務めであると信じることを成し遂げて死んだ息子の方がいいんじゃないかな。助けてくれようとしたところで、彼らと僕の両方を困らせることにしかならないんだよ。

【でも（少なくとも僕の見方に照らして言えば）母さんが言い当てていることもあって、その中でも特にすごいのは、宇宙ロケットについてです。この言葉を使いたがっているのは僕のほうなんだけど。】しかも、キューバで悪を正したあとは、間違いなくどこかしらほかの場所に行くよ。官僚的なオフィスの中やアレルギー病棟なんかに閉じこもっていたら、気が滅入ってしょうがなくなるのは分かり切ってるんだ。分かってはいるけど、だんだん年をとってきて、息子に生きていて欲しいと願う母親の苦しみにも耳を傾けるべきだし、考えに入れる義務のあることだし、しかも僕自身考えに入れたいと思ってる。そして、母さんを慰めるためだけじゃなく、口には出せないけどときどき感じている、僕自身の郷愁を慰めるためにも、母さんに会いたいんだよ。

母さんにキスを送ります、何も新しいことが起きなければ、生きていると約束するよ。息子より。

エル・チェ

母親への手紙

メキシコ、一《マ》五《マ》

母さん

いまだにメキシコから、母さんが以前書いてくれた手紙に返事を書いています。僕の生活に関しては、新しいことはほとんど話すことがありません。今のところは、ちょっと運動したり、母さんももう想像がつくだろうと思う内容の本をたくさん読んだり、週末はときどきイルダに会ったりもしてる。

僕の件に法的な決着をつけてもらうのを辞退したので、メキシコ滞在は一時的なものになると思います。いずれにしても、イルダは娘と一緒に年末を家族と過ごしに行くから。あっちには一カ月いて、それから今後どうするか考えるだろうよ。僕の長期的なねらいは、ヨーロッパに行ってみて、できれば向こうに住むことなんだけど、住むのが実現するのはますます難しくなっています。僕みたいな病気にかかると、どんどん悪化していって、死ぬまで解放されないみたいですね。

一〇年は放浪の生活を送り、その後何年かは医学の研究をして、もし時間が余れば、物理学の探検に首を突っ込もうかという計画だったんですけどね。

それもみんな過去の話。ただ一つだけ確かなのは、一〇年の放浪はどうやらもっと長くなりそうだってことなんだけど（不測の事態がおきて放浪癖がすっかりなくなってしまうのでもない限り）、ただし、夢見ていたようなのとは全然違う種類の放浪になるだろうね。新しい国に行っても、もうそれはその土地を歩き回ったり、博物館や遺跡を見たりするためじゃなくて、それにとどまらず（だっていま書いたようなことはいつでも興味あるからね）、人民の闘いに身を投じていくためなんです。

アルゼンチンからの一番新しいニュースを読みました。新しい三政党に法人格を与えるのを拒否し、共産党の法人格は取りあげたそうですね。期待通りって訳じゃないけど、このやり方は、ちょっと前から今までアルゼンチンで起きていること全体から見れば、それほど象徴的と言うほどでもないですね。やつらの行動はどれもこれも、ある身分階層、ある社会階級を優遇するという、あまりにもはっきりした傾向を持っているし、これは間違いでも勘違いでもない。その階級というのは、いつものごとく、外国の侵略者と手を結んだクリオーリョの大地主たちなんです。
　こんなちょっときついことを言うのは、母さんが好きだからこそ、厳しい物言いをしてるんですよ。さあ、メキシコの大地からの最後の抱擁のひとつを母さんに送るよ。それからいろいろ説教じみたことを言ってきたけど、最後にもう一つ。マセオ兄弟の母親は、キューバに捧げるためにもっと息子をつくらなかったことを嘆いたんですよ。母さんにそこまでは求めないけど、ただ、僕自身のあり方や、僕に会うことの代価が、母さんの信念に反したり、いつか後悔することになるようなものではないことを祈るよ。

チャオ

母親への手紙

母さん*

　メキシコのどこかから手紙を書いています。ここで僕は、ことのけりが付くのを待ってるんです。自由の空気というのは、実際のところ、非合法活動の空気ですが、そんなことはいっこう構いませ

* おそらく一九五六年の八月か九月に、釈放されてから書かれたもの。原文と付き合わせた結果、*Aqui va un soldado de América* には出てこない部分も追加してある。

ん。すごく面白いミステリー映画みたいな趣があります。

体の調子はいいし、ますます強気になっています。解放者たちに対する母さんの評価は、僕が見た感じでは、知らず知らずのうちに少しずつ信頼を失っていっていますね。

特に情けないですよ。でも心配はご無用、僕は誰にも迷惑をかけるつもりはないから。だけどね、【断固として反対してきたり、信頼がどうのというのは、母さんが手紙に書いてきたことの中でもエジプトの新聞に書かれていることを見てごらんなさい、たとえば《西洋の信頼の失墜》とか。彼らがそう書いているのは理にかなったことなんです、たとえ独立計画がなかったとしても、国より自分の縄張りのほうをはるかに信じているような人たちなんだから。】石油もアルゼンチンのものではなくなるでしょう。ペロンが引き渡すのではないかとあれほどまで懸念されていた基地は、こいつらが引き渡してしまったんです。または少なくとも、同レベルの譲歩をするでしょうね。表現の自由なんてすでに神話だし、ただ単に神話がすり変わっただけだよ。新聞がこき下ろす対象が、以前はペロニスタの神話だったのが、今は解放者の神話になっただけの話だよ（このように書いてあるように思われる――編者）。総選挙前に共産党を非合法化してしまうだろうし、あらゆる手を尽くしてフロンディシを中道化しようとするでしょうね。それがアルゼンチン共和国に望むことのできる最善のことなんだから。つまりね、母さん、ここから見た展望は、気の毒なアルゼンチン労働運動にとって、つまり人口の大部分にとって、痛ましいものです。

さてと、手紙を書く時間はほとんどないから、こんな話題にその時間を費やしたくないですね。とは言っても、実際のところ、僕自身の生活のことではほとんど何もお話しすることはないんですが。運動したり本を読んだりして過ごしているだけなので。これが終わったら、僕の経済力は強まっていると思います。脈の取り方も、聴診のし方も忘れてしまったけどね（聴診は一度もうまくやれたことがないんだけど）。僕の道は、徐々にだけど確実に、病院での医療からずれていってるみたいだけど、絶対に、病院が懐かしくなるほどまで遠ざかりはしません。母さんたちに話していた、例の生理学の教授の仕事は嘘だったけど、まんざら嘘ばっかりでもなかったんですよ。僕にまるで引き受ける気がなかったという意味では嘘なんだけど、そういう申し出は実際にあったし、僕にその仕事をくれる可能性も高かったんです。つまり召喚状も何もかもそろってて。どっちみち、今となっては確かに過去の話です。それに代わって聖カルロスが掘り出し物を得たというわけです。

今後のことについては、何も話せません。頻繁に手紙を書いてね、それから家族のことを書いてください、ここではそれがすごく気晴らしになるんだから。

母さん、潜伏中の息子から、大きなキスを。

母親への手紙

一九五六年一〇月頃

母さん

このろくでなしの息子は、おまけに悪い母親を持ったこの息子は、ほとんど抜け殻のようです。ポール・ムニ*が悲痛な声でせりふを言い、深まっていく暗闇とあつらえ向きの音楽の中を遠ざかっていったシーンのようです。今の仕事は今日はこっち、明日はあっちという具合で落ち着かず、そのせいで親戚の……さんたちにも会いに行きませんでした（しかも、実を言うと、僕はブルジョワ夫婦よりもイルカに近い嗜好を持ってるような気がするんだ。僕だったら地球上から抹殺してやりたいような、栄えある機関にご勤務の、立派な職員であるブルジョア夫婦よりはね。これがあの人たちに直接向けられた嫌悪感だとは思って欲しくないな、むしろ信用できないんだよ。レシーカはもう、僕とは全然別の言葉をしゃべっていて、二人の間には接点がないということを証明したよ）。カッコ付きでこんなに長ったらしい説明をしたのは、書いた後で、僕がブルジョワ狩りでもやってるかのようにとられるかもしれないと思ったからなんです。でももう一回始めから書き直してあの段落を削除するのは面倒だったので、自分でもあんまり説得力があるとは思わない長々とした説明をやり始めてしまったんです。話題を変えましょう。イルダは一ヵ月以内に、家族に会いにペルーに帰ります。彼女はもう政治犯ではなくて、立派な反共産主義政党、アプラ党の、ちょっとだけ道を誤った代表者なんだから。僕は、自分の研究の優先順位を変えようとしてるところです。前は、どうにかこうにか医学に専念していて、空き時間を使って邪道なやりかたで聖カルロスを勉強していました。僕の新しいライフステージでは、その順序も変えなくてはなりません。今は聖カルロスが一番重要なもので、軸となる存在であり、僕がこの地球上に生きている限りそうあり続けるでしょう。医学は、そこそこおもしろいけどとるに足りないお遊びだね、ただごく小さなあるものだけは別格で、それにはもっと本格的な研究を充てようと思っています。その重みで図書館の地下室を揺るがすようなものだよ。覚えてると思うけど、まあ覚えてないとしたら今思い出させてあげるけど、僕は医者の役割とか何とかに関するある本を編集しようとしていましたよね。この本は、『肉体と精神』みたいな、ブックレット程度の二、三の章を書き上げただけで、ただもうひどい出来で、このテーマの核に関するまったくの無知さ加減が書けば書くほど露呈していったのです。僕は勉強することに決めました。しかも、冒険を基本とする僕の経歴とは相容れない、一連の結論に到達しなければならなかったのです。まずは一番重要な義務を遂行し、腕に盾を抱き、なにもかも全くの思いつきで、物事の秩序に逆らっていこうと決めました。本はそのあとにでも書くさ、もし風車で気が狂ったりしてなければね。

セリア母さんには、賞賛の手紙を書かなきゃならないんだけど、これを書き終わって時間が余ったら書くよ。ほかのみんなは僕に対して借りがあるんだよ、最後に書いたのは僕のほうなんだから。ベアトリスおばさんですら、そうなんだからね。おばさんには、新聞は実にきちんと届いていて、政府がやっている素晴らしいこと全部の展望がすっかりつかめるよ、と言ってやってください。イルダも直系の先祖の手本にならっているから、僕も、直系の先祖のお手本にならって、注意深く切り抜きをしました。[*2] みんなにそれぞれふさわしいおまけをつけてキスを送ります。それから例のグアテマラ人については、否定的であれ肯定的であれ、説得力のある返事をしましょう。

＊ ポール・ムニ主演の映画、「逃亡者」のことを言っている。
＊2 私は新聞記事を集めていたが、妻はいちいち、掃除をしてそれを捨てていたのだ。

この男に関しては、今や残っているのは話の最後の部分だけです。そしてその題名は、《で、これからどうする?》。大変なのはこれからだよ、母さん。今までそういうことを避けたことがないし、いつもそういうのが好みなんです。空は曇っていないし、星座もちゃんとそこにあるし、それほど無茶な洪水もハリケーンもこなかった。幸先はいいよ。勝利の兆しが見える。でも神様たちですらしまいには間違うこともあるからね、もしもその前兆が間違いだったら、母さんの知らない詩人みたいにこう言うことだってできる。《墓場には未完となった歌への悲嘆だけを持っていくとしよう》。《死を前にした》もの悲しさは避けたいから、この手紙は本当にいよいよというときになってから出すことにしましょう。そのときには、母さんの息子が、米州の太陽の国で、負傷者を救うために外科のことを少しでも勉強しておかなかったことで自分を責め、またすでになかなかのものであった射撃の腕前を、もっとすばやく敵を倒せるように磨かせてくれなかったメキシコ政府のことを恨んでいると、分かることでしょう。そして闘いは逃げ道のないものとなり、国歌で唱われているように、勝利するか、さもなくば死ぬまで続くでしょう。

もう一度母さんにキスを送ります。最後のお別れになるのを拒んでいる、今回のお別れにありったけの愛情を込めて。

息子より

友人のティタ・インファンテ宛の手紙

一九五六年一〇月頃

ティタ

あまりにも長い間お便りしなかったので、いつもやりとりしていたときのあの安心感はなくなってしまいましたね。（あなたには僕の字がほとんど読めないでしょうから、少しずつ説明していきますね。）

まず、僕のおちびちゃんはもう九カ月になりますが、すごくかわいくて元気いっぱいです。

それから、一番大事なこと。だいぶ前に、何人かの革命キューバ人青年たちに、僕の医学の《知識》で運動を支援してくれないかと誘われたので、引き受けました。なぜって、今さら言うまでもないことだと思うけど、これこそ僕がやりたかった仕事なんです。体力づくりを指導したり、同志に予防接種をするために山あいの某農場へ行きましたが、運悪く、警察の一斉手入れがあって、僕の書類がちゃんとそろってなかったものだから、二カ月も食らってしまいました。とるに足りないほかのものと一緒に、タイプライターまで取りあげられてしまったので、こんな手書きの手紙を書く羽目になったわけです。その後、メキシコ内務省は、嘘はつきませんと言った僕の言葉を信じるなんていう重大ミスを犯して、一〇日以内に国外退去するという条件で僕を釈放してしまいました。これが三カ月前の話で、隠れていて見通しも立たないままだけど、僕はいまだにメキシコにいます。ただ、革命がどうなるのかを見届けたいだけなんです。もしうまくいけばキューバに行くし、うまくいかなければ、どこか腰を落ちつける国を探します。今年は僕の人生の転機になるかもしれないよ。もっとも、転機なら今までにもさんざん迎えたから、それほど驚きも感動もないんだけど。

もちろん、学術研究のほうは全部挫折して、いまは僕はカルリートス［カール・マルクス］やフェデリキート［フリードリヒ・エンゲルス］なんかの熱心な読者であるだけです。言い忘れましたが、逮捕されるとき、条件反射の問題のために語学を学んでいた墨露交流研究所の受講カードのほかに、何冊かロシア語の本を持っているのが見つかってしまったんです。

たぶん興味があるだろうから言うけど、僕の結婚生活はほとんど完全に破綻していて、来月には全部終わります。妻は、八年前から離ればなれになっている家族に会いにペルーに行ってしまうからです。こんな別れ方には多少なりとも苦い後味が残ります。だって彼女は忠実な同志だったし、僕の強制休暇の間じゅう、非の打ちどころのない革命家として振る舞っていたから。でも僕たちの間の精神的な不和はとても大きくて、僕の方は、パブリートが言ったように、《君の腕の十字架と君の魂の大地*》を手にするやいなや旅愁をかき立てられてしまうという、統制のきかない精神の持ち主なんですから。

ではこの辺で。次の手紙にはもっといろいろ知らせを書くから、少なくとも定住所ぐらいは知らせるから、それまでは僕に手紙を書かないで下さい。

いつもどおり、あなたの友達からの心を込めた抱擁をお受け取りください。

エルネスト

＊ パブロ・ネルーダの詩、「絶望の歌」の一節。

日本語版解題

私たちはこれまで、キューバ革命に関わる以前のエルネスト・チェ・ゲバラの著作を二冊翻訳・紹介してきた。それは、

一、『チェ・ゲバラ　モーターサイクル南米旅行日記』(一九九七年初版、二〇〇四年増補新版)

二、『チェ・ゲバラ　AMERICA放浪書簡集——ふるさとへ　1953-56』(二〇〇一年、編者は、父親であるエルネスト・ゲバラ・リンチ)

である。これに、今回、新たに本書が付け加わる。

三、『チェ・ゲバラ　ふたたび旅へ——第2回AMERICA放浪日記』(二〇〇四年)

これによって、「自覚的な」革命家になる以前のチェ・ゲバラが書き残し、現在までに公刊された三部作がすべて紹介されたことになる。

前記『チェ・ゲバラ　AMERICA放浪書簡集』の「解題」にも記したように、一回目のモーターサイクル旅行から帰国した医学生ゲバラは、取り残していた単位を取得し、アレルギーに関する論文を書いて、医学博士となった。そして、一回目の旅行の同行者、アルベルト・グラナードが居残ったベネズエラのハンセン病院で、共に働くという約束を果たすために、二度目の旅に出た。今回の同行者は、カリーカことカルロス・フェレール。幼児時代、アルタ・グラシアに住んでいた頃からの友人である。

＊

その後の旅の経過については、ゲバラ自身が書き残した本書を読み込むことが何よりも大事なことだということを前提に、いくつかの傍証を付け加えておきたい。ゲバラは旅の途中で、ファン・ボッシュ、ロムロ・ベタンクールなど、その後のラテンアメリカ現代史で重要な役割を果たす人間たちと出会い、その段階で先を見通したような的確な評価をそれぞれに与えていることは、「序文」でアルベルト・グラナードが言うように、興味深い。また、若干批判的な評価を下しているかに見えるが、メキシコにおけるオルフィーラとの出会い（本書一二二頁）も、このままでは終わらない。ペロン評価をめぐる論議で登場することからも分かるように、彼はメキシコに在住していたアルゼンチン人で、アルナルド・オルフィーラ・レイナルという。彼が当時主宰していたと説明されている出版社フォンド・デ・クルトゥーラ・エコノミカ（直訳すれば、「経済文化基金」）は、当時から「メキシコ」「ラテンアメリカ」「世界」認識のための基本書を出版目録に揃えている、有数の出版社であった。オルフィーラは一九六〇年代には、出版社シグロ・ベインティウノ社（二一世紀社）の創設に関わり、これもまた、六〇年代以降の政治・思想状況の中で欠くべからざる書物を、次々とスペイン語世界の読者に紹介し続けてきた、ユニークな出版社である。チェ・ゲバラの死後、彼の著作も同社の目録に加わることになる。

一九八〇年代に入って間もなく日本で出版活動に加わった私たちも、リカルド・ポサス＋清水透『コーラを聖なる水に変えた人々』（清水透訳、一九八四年）の第一部「ファン・ペレス・ホローテ」や、ドミティーラ『私にも話させて』（唐澤秀子訳、一九八四年）をはじめ、オルフィーラが関わったふたつの出版社から刊行された数々の書物を翻訳・紹介したり、参照したり、さらには選書上の重要な助言を同氏から受けたりしてきた。ゲバラ日記のような歴史的な証言の中に、三〇年後に私たちも、書物と手紙を通して親しむことになった人物が登場してくるのを見ると、人と人との繋がりの不思議さに打たれる。

また本書にも登場するアルゼンチン人弁護士リカルド・ロホと、後にゲバラと結婚することになるペルー人イルダ・ガデアはそれぞれ、ゲバラとの出会いに関する著書を著している。リカルド・ロホの著書は *"Mi amigo el Che"*, Ricardo Rojo, Merayo Editor, Buenos Aires, 1968.（これは、かつて日本語に翻訳された。伊東守男訳『わが友ゲバラ』、早川書房、一九六八年）であり、イルダ・ガデアの著書は *"Che Guevara Años decisivos"*, Hilda Gadea, Aguilar, Mexico, 1972.（日本語訳はない）である。

リカルド・ロホの本は全三部に分かれ、第一部で、一九五三～五六年の放浪の旅における、ボリビアからメキシコまでの随所におけるゲバラとの出会いに触れている。当時二九歳で、弁護士の仕事をしていたロホは、アルゼンチンの政権を掌握していたペロン党と対決する政党、急進市民連合に所属する活動家でもあった。ペロンの演説中に起こったダイナマイト爆発事件の容疑者として逮捕され、ブエノスアイレス警察署に拘留されていたロホは、一計を案じて脱走を図り、これに成功、同地のグアテマラ大使館に駆け込んで政治亡命を要請した。数週間後にそれが叶えられ、チリ経由でボリビアに入国し、ラパスのイサイーアス・ノゲス家（本書二八頁）でゲバラとの最初の出会いがなされたようである。ゲバラがこの日記でロホの存在に触れるのは、ペルーのリマでばったり出くわした時の記述（本書三八頁）が最初であるが、この再会の場所をロホはペルー北部のツンベスであったと記している。どちらが正確なのかはわからないが、ゲバラのこの日記は、日々の記録をその場で逐一書き記していたものではなく、一定の期間のことをまとめて要約的に書いている箇所も散見されるので、些事にこだわることなく、記述に見られる思想の変容過程にこそ注目して読むべきなのだろう。

ロホは、ボリビア滞在時代のゲバラを、考古学に熱心な関心を抱く青年として描き、それに無関心なロホらを置き去りにして、ティワナコ遺跡などへも出かけるエピソードも伝えている。ロホの記述によれば、ゲバラ、カリーカ、ロホの三人はボリビアを出国してペルーに入り、クスコまでは共に旅行したことになっている。ゲバラは、サクサウアマン城砦に魅せられ、クスコに留まったという。本書に収められている「マチュピチュ論」や、グラビア頁に収録されているメキシコのチチェン・イッツァやウシュマルなど多数のマヤ遺跡の写真を合わせ見れば、考古学に対するゲバラの関心が一朝一夕のものではなかったことがわかる。

その後もロホは、エクアドル、中米各国、最後にはメキシコでもゲバラと出会うことになり、この本にはその時々の断片的なエピソードが書き込まれている。第二部では、キューバ遠征・革命勝利・革命初期の状況に触れ、第三部では、コンゴとボリビアへの遠征についても触れている。原著が、ゲバラ死後一年目の一九六八年に早くも発行されたことを思えば、ロホの情報通ぶりがわかるが、アルゼンチンに住むゲバラの両親・弟妹は、ロホのこの本には間違いや虚言が多いとして批判的であったし、この本の刊行直後、当時人民ゲリラ軍のメンバーとしてアルゼンチンの獄中にいた人びとも、「CIAと密接な繋がりをもつ」ロホが、歪んだゲバラ像を描き出したとして弾劾していたことには、その真偽をいかに判断するかは別にしても、触れておくべきだろう（フェデリコ・テパリスト・メンデル、ファン・エクトル・ホウベ「リカルド・ロホ『わが友ゲバラ』を弾劾する」、世界革命研究会『世界革命運動情報』一五号、一九六八年一一月、レボルト社）。

いずれにせよ、ゲバラとロホがボリビアで出会った一九五三年七月に、キューバではフィデル・カストロらが政府軍のモンカダ兵営を攻撃していたこと、一九五四年、グアテマラ侵攻を狙うカスティーリョ・アルマスは米国の支援を受けて隣国ホンジュラスで傭兵の募集に躍起になっており、そこには朝鮮戦争（一九五〇～五三年）に参加して、休戦協定締結後は「失業」したコロンビア人やキューバ人が含まれていたこと――など、同時代性を強く意識した筆致からは、当時の世界状況を知るうえで示唆される点も多くあると思われる。

イルダ・ガデアの本も、グアテマラでのふたりの出会いから、メキシコでの生活・結婚の経緯・キューバ遠征の準備状況、そしてキューバ革命の勝利・離婚の経緯・革命初期の様子などを知るうえで、貴重な証言である。ここから得た情報のいくつかは、本書「ゲバラの第2回目 AMERICA 旅行の旅程」（八～九頁）に生かしてあるが、それ以外のことで興味深いエピソードを紹介しておきたい。エクアドルでゲバラは、作家ホルヘ・イカサに出会っており、彼から贈呈された代表作『ワシプンゴ』をグアテマラでイルダに贈っている（日本語訳は伊藤武好訳、伊藤百合子解説『ワシプンゴ』、朝日新聞社、一九七四年）。ゲバラはホルヘ・イカサと先住民（＝農民）問題をめぐって会話を交わしたというが、この作品も、農園主に過酷に搾取される先住民の状況をリアリズム風に描いた内容のものである。アルゼンチンという白人国出身のゲバラにとって、先住民色が濃い異国での体験が、歴史と現実を捉えるうえでの思想的深化をもたらしていく過程は二冊の旅行記から読み取ることができるが、ホルヘ・イカサのような作家およびその作品との出会いも、それを大いに助けたであろうことは間違いないだろう。

ガデアは、メキシコにおけるゲバラとフィデル・カストロとの出会いを身近に見ていたこともあって、それをめぐるエピソードが、やはり豊富でおもしろい。日記本文においてゲバラが次第に寡黙になっていくさまに、そして日記もそそくさと終わりを迎えることに読者は気づかれておられようが、それは、もちろん、亡命キューバ人がバチスタ政権の秘密警察はもとより米国FBIの監視下にあり、彼らと付き合っているゲバラにもいつなんどき家宅捜索や逮捕の手が及ぶか分からぬことへの警戒心から、筆を控えていることをイルダに語っている。それでも、イルダが、とある家で初めてカストロに出会い、「あなたの持ち場はキューバなのに、なぜメキシコなんかにいるの?」と聞いたとたん、「いい質問だ」に始まったカストロの「答弁」は延々四時間に及んだ、などというエピソードは、その後のカストロ演説の(時に、八時間にも及ぶという)長さを先取りしていて、おもしろい。メキシコでカストロやゲバラにゲリラ戦の軍事訓練を施したのは、キューバ人で、スペイン内戦時に共和国派でたたかったアルベルト・バーヨだが、訓練をめぐるいくつかの挿話も、知られざる「キューバ革命前史」を明かす重要な証言である。その訓練に際してテクストに用いたであろう、アルベルト・バーヨ著『ゲリラ戦士のための一五〇問』は、日本でも『ゲリラ戦教程』の名で『世界革命運動情報』一六号(一九六九年二月、レボルト社)で紹介されたことがある。

最後に、離婚の経緯および娘に対するゲバラの思いを表わす旅先からの手紙に手短に触れたイルダ・ガデアは、巻末にグアテマラとメキシコでゲバラが書き残した一〇篇ちかい詩篇を紹介している。ゲバラの文学志向は、ここにもうかがわれる。

本書におけるゲバラ自身の記述と、ロホおよびイルダの本から抜き書きしたいくつかのエピソードが合流した地点から、一九五六年末以降のチェ・ゲバラの新しい歩みは始まるのである。ここでは、バチスタ独裁政権打倒をめざす八二名を乗せて、メキシコ・トゥスパン港を出帆したヨット「グランマ号」の航跡路を次頁に掲載するに留め、その後の軌跡は別書に譲ることにしよう。

＊

本書を、私たちは、まずイタリア語版で入手した。*"OTRA VEZ : Il diario inedito del viaggio in America Latina 1953-1956"*, ERNESTO CHE GUEVARA,Sperling & Kupfer Editori, Milano, 2000. である。同社は、本書の著作権管理を請け負っているので、優先的にイタリア語版の刊行に至ったものらしいが、時をおかず同じ年に、著作権表示欄に記したアルゼンチンの出版社からスペイン語版も刊行された。翻訳は、もちろん、このスペイン語版に基づいて行なった。編集の方法、収録写真の選択などに関して、二つのテクストは同一であった。

『チェ・ゲバラ　AMERICA 放浪書簡集』に収録されている家族・友人宛ての手紙が、本書の付録にも収録されているので、いずれの本も出版することになる私たちとしては、その重複性をどう処理すべきか、少し迷った。しかし、本との出会いは一期一会であり、すべての読者が両方の本を読まれるわけでもなく、「付録」なくしては本書自体の完結性が失われるということも考えて、原著どおりに収録することにした。

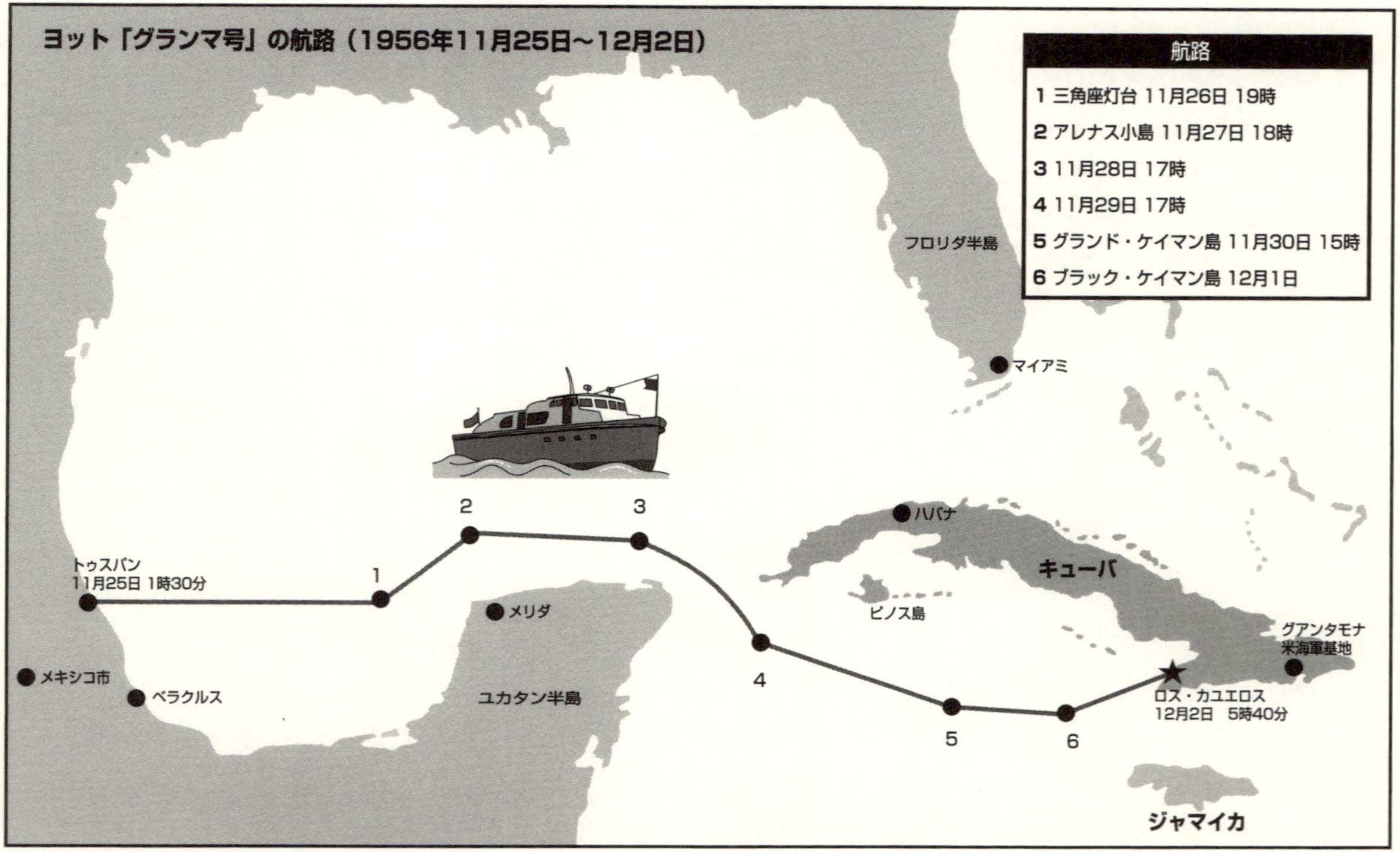
ヨット「グランマ号」の航路（1956年11月25日〜12月2日）
航路
1 三角座灯台 11月26日 19時
2 アレナス小島 11月27日 18時
3 11月28日 17時
4 11月29日 17時
5 グランド・ケイマン島 11月30日 15時
6 ブラック・ケイマン島 12月1日
フロリダ半島
マイアミ
ハバナ
キューバ
ピノス島
グアンタモナ
米海軍基地
ロス・カユエロス
12月2日 5時40分
ジャマイカ
トゥスパン
11月25日 1時30分
メリダ
メキシコ市
ベラクルス
ユカタン半島
1
2
3
4
5
6

すでにご覧のように、本書の収録した写真の多くは、チェ・ゲバラ自身が撮影したものである。革命の指導部にいる人間として、(嫌々ながらも)被写体になることも多かったゲバラは、実は写真を撮ることは好んだことに、私たちは『エルネスト・チェ・ゲバラとその時代——コルダ写真集』(現代企画室、一九九八年)に付した文章で注目しておいた。その後、チェ・ゲバラが「撮った」写真の発掘は、遺族の積極的な協力を得て、飛躍的に進み、以下の写真集が出版されている。

ERNESTO CHE GUEVARA : FOTOGRAFO, Generalitat Valenciana, Valencia, 2001.

Self-Portrait, Ernesto Che Guevara, Ocean Press, Melbourne, 2004.

Che desde la memoria, Ocean Press, Melbourne, 2004.

本書に収録されている写真からも、ゲバラの並々ならぬ才能をうかがうことができるが、写真集に徹して、さらに多くのゲバラの手になる写真を収録しているこれらの書物から受ける印象は、チェ・ゲバラという人物について、新たな視界を切り開いてくれるもののようだ。

二〇〇五年末に予定している『革命戦争の道程——コンゴ篇』の紹介を終えると、ゲバラに関わって予定してきた私たちの一連の仕事も一段落か、と考えてきたが、果たして、そうなるのかどうか。

私たちは、常に新たな人間的・理論的・実践的な側面を提示し続けるエルネスト・チェ・ゲバラの「挑発」にのって、彼が追究し、そして未完のうちに遺さざるを得なかった、社会革命のための重要な課題を手放すことだけはしまいと思う。

【現代企画室編集部・太田昌国】

【翻訳者紹介】
棚橋加奈江（たなはし かなえ）
1971年岐阜県大垣市に生まれる。
ラテンアメリカ地域研究、開発経済学を専攻した。
1995～96年、メキシコに留学。
訳書に、『チェ・ゲバラ　モーターサイクル南米旅行日記』（現代企画室、1997年　増補新版、2004年）『チェ・ゲバラ AMERICA 放浪書簡集』（現代企画室、2001年）
共訳書に、サパティスタ民族解放軍著『もう、たくさんだ！：メキシコ先住民蜂起の記録①』（現代企画室、1995年）

チェ・ゲバラ　ふたたび旅へ
第2回AMERICA放浪日記

発行　2004年11月25日　初版第一刷
　　　2004年12月27日　初版第二刷　1000部
定価　2200円＋税
著者　エルネスト・チェ・ゲバラ
翻訳者　棚橋加奈江
装丁　本永惠子
地図　太田亮夫
発行者　北川フラム
発行所　現代企画室
101-0064東京都千代田区猿楽町2-2-5-302
TEL03-3293-9539　FAX03-3293-2735
E-mail　gendai@jca.apc.org
URL　http://www.jca.apc.org/gendai/
振替　00120-1-116017
印刷・製本　中央精版印刷株式会社
ISBN4-7738-0410-6 C0026　Y2200E